人間発達論

バイオグラフィーワークの背景

ルドルフ・シュタイナー / 内村真澄　訳

Der Sinn des Prophetentums

GA61 Berlin, 9. November 1911

Die Polarität von Dauer und Entwickelung im Menschenleben Die kosmische Vorgeschichte der Menschheit FÜNFTER VORTRAG

GA184 Dornach, 14. September 1918

Menschliche und Menschheitliche Entwicklungswahrheiten ERSTER VORTRAG

GA 176 Berlin, 29. Mai 1917

Das Zusammenwirken von Ärzten und Seelsorgern Pastoral-Medizinischer Kurs VIERTER VORTRAG

GA 318 Dornach, 11. September 1924

Entsprechungen zwischen Mikrokosmos und Makrokosmos Der Mensch - eine Hieroglyphe des Weltenalls VIERTER VORTRAG

GA 201 Dornach, 16. April 1920

Mysterienstätten des Mittelalters Rosenkreuzertum und modernes Einweihungsprinzip Das Osterfest als ein Stück Mysteriengeschichte der Menschheit ZWEITER VORTRAG

GA233a Dornach, 20. April 1924

Der menschliche Charakter

GA58 München, 14. März 1910

訳者 まえがき

この本は、ルドルフ・シュタイナーの膨大な講義の中から、人生の流れや法則性について語られた内容を集めたものです。

私は、２０１０年から七年間「横浜シュタイナー学園」というオルタナティブ教育の小中一貫校で英語を教えていました。

シュタイナー教育の前提には、「人生は七年周期で発展していく」という考え方があります。それぞれの七年期ごとに異なる発達課題があるという観点から、シュタイナー教育は〝その時期の子どもの意識状態に応じたカリキュラム〟を組んでいます。「啐啄同時（そったくどうじ）」という言葉がありますが、子どもが求めているまさにそのタイミングで、その時の子どもの発達段階にちょうど合った学び＝栄養を与えるのです。

この七年周期は、大人になっても続いていきます。その考えを土台とした「バイオグラフィーワーク」という大人のためのセッションが、１９７０年代以降ヨーロッパで、また世界各地で実践されるようになりました。これは、自分の人生を七年期ごとに振り返ることで「これまで」を俯瞰し、自分のエッセンスを感じとって「これから」を描くワークです。

２０２０年から、私はバイオグラフィーワーカーの同僚と二人でこのワークをファシリテートしてきました。様々な方たちとワークを行い、ダイアローグを交わす中で、私自身も毎回深い気づきを得たり、贈り物のようなひらめきを受けとったりしました。しかし、世界のバイオグラフィーワーカーたちの実践に触れ、バイオグラフィー関連の書籍を読み込む中で、疑問も生じました。それぞれのワーカーが提唱する仮説のうち、どれがシュタイナーの示唆を根拠にしたもので、どれがそのワーカー独自の見解なのか、そしてその正当性についてどのように見極めたらいいのか、わからないと感じたのです。そこで、そもそもシュタイナーが何をどう語っていたのか、原点に触れたいと思い、この翻訳プロジェクトを始めたというわけです。

訳出した講義には、シュタイナー教育関係者の間でも、バイオグラフィーワーク関係者の間でも、これまでほとんど知られていなかった「七年周期と土星の関係」について触れたものを始めとして、「人類の意識の進化」「人間の発達の深層」「星々の運行と人生の関連」「運命と自由意志」「人間の性格」「各七年期と人間の構成体の関係」など、人生の諸法則についての様々な内容が含まれています。三冊に分けて出版していたものを、この度一冊にまとめ、イザラ書房から出版して頂くこととなりました。「人間とは？」「人生とは？」という問いに関心のある方々と、共に考えていく材料になればと思います。

シュタイナーは、見える世界の体系（自然科学）と見えない世界の体系（精神科学）のどちらにも通じていて、そこに様々な角度から光をあててくれます。一見相容れないその二つの世界を結びつけ導いてくれる、水先案内人のような存在です。彼の説くアントロポゾフィー（人智学）を学ぶのは、まるで新たな言語を習得するようなプロセスですが、それは私たちに世界を読み解く可能性を、そして自分自身を読み解く可能性を与えてくれるかもしれません。

内村真澄

目次

《凡例》
本文中の（ ）は訳注を表す。
★印は後注を参照のこと。

人生の七年周期と土星

予言：その本質と意義

Der Sinn des Prophetentums GA61

ベルリン 1911年11月9日

シェークスピア作品の最も有名な登場人物が語った言葉、〝天と地の間には、哲学では思いもよらぬことがまだまだある〞というのは、もちろん全くの真実です。しかし、ドイツの偉大なユーモア作家であるリヒテンベルクが、一種の反論として述べた〝哲学には、天にも地にも存在しないものが数多く含まれている〞という言葉も、それに劣らず真実なのです。この二つの言葉は、今日、精神科学の領域で多くの物事に対してとられている姿勢を表しています。特に本格的な科学の世界では「予言」のような事柄を、精神科学の他の事柄よりもさらに強く否定することが当然であるようです。精神科学の他の分野——少なくともその多く——では、本物の研究と、いかさま、あるいはさらに悪いものとを明確に区別するのが難しい場合〝超感覚的な研究が人間のエゴイズムの要素に触れるところで危険が生じる〞ということは確かにあります。高次の知識領域の中で、時代を越えて現れ続けた「予言」のテーマに含まれるものほど、そうした側面が顕著に表れるのではないでしょうか？　予言という言葉に含まれるすべてが、広く行き渡っていて理解可能な人間心理に深く関わっています。つまり、先の見えない未来を見通したい、未来の地上生活がどうなっているのか知りたい、という願望です。

予言への関心は、通常の意味での好奇心だけでなく、人間の魂の本質に関わる深い領域の好奇心とも結びついています。

人間の魂が強く惹かれるこの知識の探求は、あまりにも多くの失望に遭遇してきたため、今日、真面目で真剣な科学者はそのような事柄に耳を傾けようとしません。それは不思議なことではないでしょう。とはいえ、現代においては、そうしたことやこれまでの講義でお話ししてきたこと、これからの講義でお話ししていくことについて、少なくとも注意を向ける必要があると思われます。皆さんの多くがご存知のように、歴史家ケンメリッヒ★[1]は予言に関する本を書きました。彼の目的は、歴史によって確認できる事実をまとめ、重要な出来事が事前に認識されていた、あるいは何らかの形で予言されていたことを示すことでした。この歴史家は「歴史上の重要な出来事で、事前に予測、推測、あるいは発表されていなかったものはほとんどない」と主張したかったのです――今は、彼の研究の正当性については議論しません――。そのような主張は現代においては歓迎されませんが、歴史が権威を持って語ることのできる領域で、そうした主張を無視することもできないでしょう。なぜなら、最終的に、過去に関しても現在に関しても、残されている文書自体がそれを証明することになるからです。

私たちが今取り上げている領域は、かつては今ほど評判が悪くもなく、人間の努力の道としてそれほど怪しく見なされてもいませんでした。ほんの数世紀前、例えば16世紀には、非常に著名で影響力のある学者たちが予言や予知に携わっていました。偉大な科学者ケプラーとヴァレンシュタイン★[2]との関係を考えてみましょう。ヴァレンシュタインが予言に影響を受けていたことは、よく知られています。シラーがヴァレンシュタインに深い関心を抱いたのは、ヴァレンシュタインの人生において予言が果たした役割に少なからず起因しています。ケプラーの時代に流行した予言は――ほんの二世紀ほど前までヨーロッパ中の一流の科学者たちがまだそうした予言に夢中になっていたのですが――、星の世界、星の動きや位置と人間の生活との間には本当に関係があるという、当時広く行き渡っていた考えに基づいていました。当時の予言はすべて占星術の一種だったのです。この占星術という言葉を聞いただけで、現代でも多くの人々が、星々と、個人の人生、さらには民族に起こる出来事の間に何らかの関係があると考えていることがわかります。しかし、予言の知識、いわゆる予言の技術は、かつてはケプラーの時代ほど、星々の動きや星座の観測とそれほど直接的に結びついてはいなかったのです。

古代ギリシャでは、ご存知のように、女予言者あるいは女霊視者によって予言が行われていました。それはおそらく、禁欲その他を通して、通常の完全な自己意識や思考力を抑制することで引き起こされた、未来を予言する技術でした。人間が自らを他の力に委ね恍惚状態になることで、未来を直接予言する言葉を発したり、そうして発された言葉を神官や予言者たちが聞き、未来についての言及として解釈したりしたのです。デルフォイのピューティアー[3]★が、大地の裂け目から立ち上る蒸気の影響を受けて、通常とは全く異なる意識状態に移行し、他の力に支配されて、その状態で予言的な言葉を発したことを思い浮かべればよいでしょう。このような予言は、星々や星座の動きの計算などとは全く関係がありません。また、旧約聖書に登場する預言者たちの能力については誰もが知っていることですが、その真偽は現代の学問においては必ず疑問視されることでしょう。預言者たちの口からは深い知恵が語られ、それが旧約聖書の時代の人々の生活に影響を与えただけでなく、彼らは未来をも予言しました。しかしこれらの予言は、15世紀から16世紀にかけて流行した占星術のように、常に天の星位に基づいていたわけではありませんでした。預言者たちは、先天的な才能や禁欲的な修行によって、周囲の人々とは異なる意識状態を発達させ、日常生活から切り離された状態にありました。そのような状態で彼らは、自分の個人的な生活状況や思考、物質的環境から完全に切り離されていました。彼らの関心は完全に、自分たちの民の幸福と苦難に向けられていました。彼らは人間を超えたもの、人間の個人的な関心を超えたものを体験していたので、個人意識の境界を突破し、あたかもヤハウェ[★4]自身が彼らの口を通して語るかのように、彼らの民の課題と運命について思慮深い発言をすることができたのです。

このように考えると、近代科学の夜明け前の中世の終わりに行われていた占いは、予言の一つの形式に過ぎません。全体としての予言は、より広い領域に及び、「人間が自分の人格の束縛を解いたときにのみ到達できる特定の意識状態」と何かしら結びついていることが明らかなようです。占星術の予言はもちろん「人間が自らの人格を超越するような技である」とは言いがたいものです。占星術師は、ある人の出生の日付と時間を与えられ、そこから地平線上にどの星座が昇っていたか、また星々及び星座の相対的な位置関係などを割り出します。そして、その人の人生において星々の位置がどう変化するかを計算し、一定の伝統的な観察法に基づいて、天体が人生に及ぼす良い影響・悪い影響を導き出し、その結果その人の人生や特定の民族に起こる事柄を予言するのです。

この種の占星術師と、古代ヘブライの預言者やギリシャの女霊視者たち——つまり通常の意識から恍惚の境地に達して超感覚的な領域で得た知識だけで未来を予言した人々——との間には、なにも類似性がないように思われます。今日、賢明な文化人であると自負する人々にとって、占星術による予言への最も大きな障害となるのは「星々や星座の進行が、個人の人生や、民族や地上に起こる出来事の経過と、果たしてどのように関連するのか」を理解することの難しさでしょう。現代の学問は、そのような関連性に決して注目することがないため、「占星術の予言と啓蒙的な科学がしばしば手を携えていた時代に、本物の知識として受け入れられていたもの」に対し、特に関心が向けられることはないのです。

非常に著名で学識ある科学者だったケプラーは、彼の名を冠した法則の発見者であるだけでなく、最も偉大な天文学者たちの一人でしたが、占星術の予言に力を注いだ人物でもありました。彼の時代、そしてその前後の時代にも、真に賢明な人々の多くが占星術の信奉者でした。実際、当時の生活を客観的に考えてみると、彼らの立場からすれば、この予言の技術・予言の知識に取り組むことが、我々の時代の人々が科学の正当な分野に真剣に取り組むのと同じくらい自然なことであったことがわかります。星位に基づく予言——それはおそらく個人の出生時になされたものでしょう——が後に当たった場合、もちろんその星位とその人の人生との関連は偶然の産物に過ぎなかった、と言うことは簡単です。確かに、非常に多くのケースにおいて、占星術の予言が的中したことに対する驚きは、単にそれが的中したから生じることであり、的中しなかったことについて人々は忘れがちだ、ということは認めるべきです。

あるギリシャの無神論者の次の主張は、ある意味正しいと言えます。あるとき、彼は船で海岸の町にやってきました。そこには「難破せずに助かったら捧げものをする」と海で誓った人たちが、記念のしるしを吊るしている聖所がありました。その聖所には、難破せずに助かった人たちのしるしがたくさん吊るされていました。しかし無神論者は「誓いを立てたにもかかわらず、実際に難破して死んでしまった人たちのしるしも一緒に展示しなければ、真実は見えてこない」と主張しました。そうすれば、どちらのしるしが多いかは一目瞭然だからです。このことは、占星術の予言が〝当たった〟ものだけでなく、〝当たらなかった〟ものも記録しておかなければ、本当に客観的な判断ができないことを示唆しています。このような態度は完全に正当化されますが、一方で、非常に驚くべきことが数多く存在するのも確かです。このような公開講座においては、精神科学のあらゆる基本知識を当然のものとするわけにはいきませんから、我々が研究しているテーマの重要性を理解してもらえるような話し方をしなければなりません。

懐疑論者であっても、次のような話を聞けばきっと驚きを感じざるをえないでしょう。有名な人物に限って言えば、ヴァレンシュタインの例がそうです。ヴァレンシュタインは、科学者なら誰でも尊敬するケプラーに、自分のホロスコープを作成してもらいたいと願い出ました。ケプラーからそのホロスコープが送られてきました。しかし、この件は慎重に扱われました。ヴァレンシュタインがケプラーに自分の生まれた年を伝え、ホロスコープを作成してほしいと手紙を書いたのではなく、仲介者が間に入ったのです。そのため、ケプラーはそれが誰のためのホロスコープなのか知りませんでした。示されたのは誕生日だけでした。ヴァレンシュタインの人生にはすでに多くの重要な出来事が起こっていましたが、そうしたこれまでの出来事についても記述し、さらにこれから起こることも予言するよう依頼されました。ケプラーは依頼通りにホロスコープを完成させました。多くの占星術がそうであるように、ヴァレンシュタインにとっても、自分の体験と占われた内容の多くが一致しました。彼は——当時はよくあったことですが——ケプラーに大きな信頼を寄せるようになり、何度も予言に従って自分の人生を調整することができるようになりました。しかし過去に関して、多くのことが占いと一致する一方、一致しない事柄も多く、その後に判明するのですが、未来に関する予言についても同様でした。多くの人のホロスコープについても同じでした。「出生時刻とされる時間に誤りがあるに違いない、でも占星術師なら修正できるかもしれない」と人々が言うのが当時は通例でした。ヴァレンシュタインも同じことをしました。彼はケプラーに出生時刻の修正を依頼したのです。修正はごくわずかでしたが、修正後は予言がより正確になりました。ケプラーは非常に正直な人物で、出生時刻を修正することを大変不本意に思っていたことをお伝えしておくべきでしょう。当時ケプラーが書いたこの件に関する手紙によると、ケプラーは、そんなことをした場合に起こりうる多くの結果を考慮し、そのような修正を好んでいなかったことが明らかです。しかしケプラーは、ヴァレンシュタインに頼まれたことを引き受け——それは1625年のことでした——、ヴァレンシュタインの未来についてさらに詳しく説明し、特に、修正後の星位の新たな解釈によると、1634年の星位がヴァレンシュタインにとって極めて不利となると述べました。またケプラーは、この日付があまりに先のことであったため、この予言がヴァレンシュタインを動揺させるとしても、その動揺はこれらの不利な星回りが揃う頃には消えているだろう、と付け加えました。彼はその星位がヴァレンシュタインの計画にとって危険なものになるとは考えなかったのです。予言は1634年3月に起こるとされました。

そして今、考えてみてください。予言された期間から数週間のうちに、ヴァレンシュタインの殺害につながる出来事が発生したのです。こうした事柄は、少なくとも印象的です。

しかし、他の例も見てみましょう。二流の占星術師たちではなく、本当に啓示を受けた人たちの例です。この分野で非常に学識ある人物の名前がすぐに思い浮かぶでしょう。ノストラダムスです。ノストラダムスは高名な医者で、特にペストの流行時に素晴らしい功績を残しました。彼は深い才能を持つ無私の人で、医者という職業に献身的に尽くしたことはよく知られています。また、その無私の精神が災いして同僚たちから悪評を買い、医師としての仕事を辞めてサロン（広間）に引きこもり、１５６６年に亡くなったことも知られています。サロンで彼は星の観測を始めましたが、ケプラーやケプラーのような人たちが観測したやり方ではありませんでした。ノストラダムスの家には特別な部屋があり、彼はしばしばそこにこもって、彼自身の言葉を借りると「その部屋から星々が彼の視線に映し出されるままに観察した」のです。つまり、彼は特別な数学的計算をするわけでもなく、星空を感嘆しながら見つめた際に、魂やハートや想像力が見出すものに浸っていたのです。ノストラダムスは、四方の星空を眺めることのできるこの不思議な部屋で、何時間も敬虔で熱心な思索の時間を過ごしました。そこから、具体的な予言だけでなく、一連のさまざまな未来予言が生まれ、驚くほど的中しました。そのため、先ほど言及した歴史家ケンメリッヒは、ノストラダムスの予言に驚き、長い時を経た後世においても一定の価値を認めざるを得なかったほどです。ノストラダムス自身も、自分の予言をいくつか世間に公表しましたが、占星術で使う計算を何も引用できなかったため、当時は当然軽蔑されました。

彼が星を眺めていると、予兆が奇妙な絵と想像の形で浮かび上がってくるのでした。例えば、1558年のグラベリンゲンの戦いでフランス軍が大敗することについて。また、実際の出来事のはるか以前になされた1559年についての予言は、フランス王アンリ二世が「決闘で」敗れるというものでした。「王は決闘などしないのだから、予言など当てにならない」と、王妃をはじめ人々は笑いました。ところがどうしたことでしょう? 予言された年に、王は馬上槍試合で殺されたのです。このように、予言が的中した例は枚挙にいとまがありません。

また、16世紀を代表する才能の持ち主で素晴らしい天文学者であった、ティコ・ブラーエもいます。現代人はティコ・ブラーエについて、「コペルニクス的世界観を半分だけ受け入れた人物」と言われていることくらいしか知りません。しかし彼の生涯をよく知る人たちは、ティコ・ブラーエが宇宙モデル図の作成において何を成し遂げたか、当時のモデル図をどれだけ優れた方法で改良したか、どのような新しい星を発見したか、について知っています。つまり彼は、当時における卓越した天文学者だったのです。また、ティコ・ブラーエは、地球の物理的な状況が宇宙全体とつながっているだけでなく、人間の霊的な体験が大宇宙の出来事とつながっている、と深く確信していました。彼は天文学者として単に星々を観察するだけでなく、人間の人生に起こる出来事と天界の出来事を関連づけて考えていました。そして、20歳の時にロストックにやってきた彼は、スレイマン一世の死を予言し世間を騒がせました。それは予言された日には起こりませんでしたが、それでも起こりました。正確な日付けは当たらなかったものの、歴史家の反発を買うことはないでしょう。なぜなら、もし誰かが嘘をつくつもりなら、予言にほんの数日程度の違いを持ち込んで半端な嘘をつくはずがないからです。

これを聞いたデンマーク王は、ティコ・ブラーエに自分の三人の息子のホロスコープ（占星図）作成を依頼しました。息子のクリスチャンについては予言は的中しましたが、ウルリッヒについてはそこまで当たりませんでした。しかし三男のハンスについて、ティコ・ブラーエは星の動きから導き出した驚くべき予言をしました。彼はこう言ったのです。「星々の配置全体及び見るべき要素すべてが、ハンスは虚弱であり今後もそうで、長生きすることはないだろうということを示している」と。そして出生時刻が正確でなかったため、ティコ・ブラーエは非常に慎重に次のように言いました。「ハンスは18歳あるいは19歳で亡くなる可能性があるが、それはその時の星々の配置が極めて不利なためである」と。この18歳か19歳時点の恐ろしい星々の配置の影響が、ハンス公の生涯において克服される可能性についてもティコ・ブラーエは言及しましたが、それは両親への同情からだったのか、それとも他の理由からだったのか、それについてはここでは問わないことにします。「克服されるとしたら、それは神のご加護だろう」として、以下のように言いました。「火星に関連した極めて不利な星々の配置がホロスコープ上で明らかになっており、ハンス公は若くして戦争の混乱に巻き込まれるだろう。ただ、この配置では金星が火星より優位にあるため、ハンス公がこの時期を無事に過ごす望みもある。しかし18、19歳になると土星の有害な影響による非常に不利な星配置が現れ、これが、ハンス公が赴くことになる奇妙な環境のせいで生じる〝湿った、憂鬱な〟病気の危険性を示している」と。

さて、ハンス公の人生はどうなったでしょうか？　若くして、彼は当時の政治的混乱に巻き込まれ、戦争に駆り出され、オステンドの戦いに参加し、ティコ・ブラーエの予言通り、海上でひどい嵐の試練に耐えることになりました。あやうく死にかけましたが、友人たちによって皇帝の娘と結婚するための交渉がなされた結果、彼はデンマークに呼び戻されました。ティコ・ブラーエの解釈では、火星の不利な影響による混乱は、恋愛の守護神である金星の影響によって取り去られたということになります。この時、金星がハンス公を守っていたのです。しかし、公が18、19歳になると、土星の悪影響が生じ始めます。彼はモスクワへ送られ、そこからサンクトペテルブルクへ移りました。デンマーク宮廷の視線がこの若き公爵に注がれていた様子が目に浮かぶようです。結婚の準備は万端で、開始の知らせが今か今かと待ち望まれていました。しかし、結婚延期の知らせが入り、続いて公爵の病気の知らせが入り、ついには公爵の死の報が入りました。このようなことは、当時の人々に大きな印象を与えましたが、後世の人々もきっと驚くことでしょう。

さて、世界史には時にユーモラスな側面があります。かつて全く別の領域で、ある教授が「女性の脳の重さは常に男性の脳よりも軽い」と主張していました。しかし彼の死後、その脳の重さを測ったところ、極めて軽いことが証明されました。彼は世界史上のユーモアの犠牲者です。

ピコ・デラ・ミランドラ[5]にも同様のことが起こりました。彼のホロスコープは、火星が彼に大きな不幸をもたらすことを示していました。彼はそのような予言すべてに反対でしたが、ルシウス・ベランティウス[6]は、星からの予言に反対するピコ・デラ・ミランドラの主張すべてが誤りだということを彼に証明しました。ピコ・デラ・ミランドラは、火星の不利な影響を受ける時期と予言された年に亡くなったのです。

例を挙げればきりがありませんが、ある意味で、それに異論を唱えることもたやすい、と気づかれるでしょう。たとえば、現代のある著名な天文学者は、その人道的活動によって尊敬を集めていますが、「ケプラーの作成したホロスコープでヴァレンシュタインの死が正しく予言されたとは言えない」と主張しています。このような主張は、ある意味真摯に受け止められるべきです。「ヴァレンシュタインは予言の内容を知っていたため、その該当する年にホロスコープのことを思い出し、躊躇し、本来なら取ったであろう確固とした態度を取らなかったために、彼自身が不幸を呼び寄せたのだ」という、このヴィルヘルム・フェルスター[7]の主張も、完全に無視することはできません。このような反論は常に起こり得ます。

しかし一方、科学が生み出す例証においては外的なデータが価値を持つものですが、現代ではそうしたデータが科学的真理の絶対的な根拠として受け入れられている、ということも忘れてはなりません。問題も多く存在するでしょう。しかし当時、実際に起こった出来事と星から得た示唆とを注意深く比較した結果、人々が未来の予言を確信するに至った、という事実に目を閉じるべきではありません。人々はもちろん予言の誤りには敏感に反応しましたが、本当に驚くべき結果を隠したり、批判なしに全面的に受け入れたりすることはありませんでした。当時ももちろん批判はできましたし、おそらく多くの場面で実際批判もなされていたことでしょう。

私が非常に印象的な例を挙げたのは、現代科学の基準に基づいても、こうした問題を真剣に受け止めることは可能だ、と示すためです。そして、我々がこうしたことに対する反論を受けとめる際にも、比較的近い過去に、優秀な頭脳の持ち主たちがこれらを深く信じた理由は、決して悪いものではなく、健全で根拠のあるものであったことを認めるべきでしょう。そうした根拠が否定されるとしても、星々が聡明で賢明な頭脳の持ち主たちに与えた印象は、以下のようなものだったと言えます。彼らは——子細なこととは別に——個人や民族の生活に起こる出来事と、宇宙で起こる出来事の間に関連があると信じたのです。つまり、大きな世界であるマクロコスモスと、小さな世界であるミクロコスモスの間に、真のつながりがあると信じていたのです。

彼らは、地上の人生は出来事の無秩序な流れではなく、これらの出来事には法則性があること、天体の動きが周期的法則に支配されているように、人間や地上の状況にも一定の周期的法則、一定のリズムが現れていることを信じていました。これが意味することを説明するために、私は今日の化学や物理学の最も厳密な事実と同じレベルで、観察によって照合できるある種の事実について話すことにします。しかし、観察は適切な領域で行われる必要があります。例えば、ある人が幼少期に経験したことを観察するとします。人生の長いスパンを研究すると、ある人が「幼少期」に経験することと「老年期」に経験することとの間に、注目すべきつながりがあることがわかります。人生のごく初期の経験と、終盤の経験に関連が認められるのです。例えば以下のことが言えるでしょう。もし、幼少期に不安や強い恐怖による感情の衝撃を受けた場合、その後は長い間その影響から逃れていられるかもしれません。しかし老年期になると、その原因を幼少期に見出せるような状況が起こる可能性があります。また「思春期」と「老年期の直前の時期」にも関連性があります。人生は循環しているのです。

話をさらに進めます。たとえば18歳のときに、それまで歩んでいた人生の道筋から全く引き離されてしまった人の例があります。それまで学問に打ち込んでいたのに、突然それを放棄して商人になることを余儀なくされたのです。おそらく父親が金を失ったか、その他の理由があったのでしょう。最初はうまくいっていましたが、何年かたつと大きな内的困難が生じてきます。そのような人がこうした困難を克服するのを助けようとする場合、我々は一般的で抽象的な原則を適用することはできません。我々は、自身にこう言い聞かせるしかないでしょう。「18歳のとき、彼の人生に突然の変化があり、24歳のとき、つまり6年後に彼の魂の生活に困難が生じた。その6年前、つまり12歳ころ、彼の魂にあることが起こり、それが24歳で現れた困難を実際に説明しているのだ。6年前と6年後、職業の変化はその中間に位置する」と。ちょうど左右に振れる振り子の間に平衡点があるように、引用したケースでは、18歳が要なのです。この重要時点の前に発生した原因は、同じ年数後にその影響を生じさせます。人生全体も同じです。人間の一生は、不規則にではなく、規則正しく法則にしたがって進行します。

個々人が知る必要はありませんが、誰の人生にも一つの中心時点があります。その中心時点以前（幼少期や青年期）に起こったことは、その後に起こる出来事の深みの中に休んでいて、中心時点以降に同じだけの年数が経った頃、その影響を生じさせるのです。誕生が死の対極であるように、幼少期の出来事は死の直前数年間に起こる出来事の原因となるのです。このようにして、人生は理解できるようになります。

例えば、54歳の時に病気になったという場合、本当に理解可能な唯一のアプローチは、その人が過去においてひとつの明確な危機を体験した重要時点を探し出し、その時点から遡って、54歳の出来事に関連する何らかの出来事を見つけることです。それは、死が誕生に、あるいは誕生が死に対して持つ関係性と同様のものでしょう。人生に起こる出来事に法則や原則があるという事実は、人間の自由を損なうものではありません。多くの人は、このような人生の出来事の法則性が、人間の意志の自由と矛盾すると言いがちです。しかしそうではなく、表面上そう思えるだけなのです。例えば15歳の時に、ある原因を時間の胎内に産みつけ、その結果を例えば54歳の時に経験する人は、家を建てて、最終的に準備が整った時にそこに引っ越す人同様、自分の自由が奪われたとは思わないでしょう。論理的思考をすると、その家に引っ越したときにその人の自由が奪われた、とは決して言えません。原因が後に結果をもたらすことを予期することによって、誰も自分の自由を奪ったりはしません。この原則は、人生における自由とは直接関係ないのです。

個人の人生の中に周期的な関連があるように、一般的な意味において民族や地球の運命にも周期的な関連性があります。地球上の人類の進化は、連続して生じる文化期（エポック）として現れます。我々の時代と最も関係の深い二つの文化期は、アッシリア・エジプト・カルデア文化期[8]★と、その後に続くギリシャ・ローマ文化期[9]★です。そして、ギリシャ・ローマ文化の衰退とその余波を経て、現在の我々の文化期[10]★が到来しました。時代のあらゆる兆候に基づくと、この我々の時代はまだかなり長く続くでしょう。このように、三つの連続した文化期があります。

この三つの文化期の人々の生活をよく観察してみると、ギリシャ・ローマ文化期は、人類の進化における中心軸のような時点であることがわかるでしょう。それゆえ、ギリシャ・ローマ文化は不思議な魅力をもっています。ギリシャの芸術、ギリシャとローマの政治、ローマの法律や国政、ローマの市民権の概念……これらはすべて、進化の流れの中で一種の中心点に位置しているように思われます。この後に来るのが我々の文化期で、その前がエジプト・カルデア文化期です。驚くべきことですが、深く観察する人であれば、エジプト・カルデア時代の生活の特定の状況が、全く異なるけれども関連のある形で、今日現れていることに気づかれるでしょう。つまりその時代において、時間の中に原因が埋め込まれ、その結果が今、再び前面に現れているのです。古代エジプトで習慣的に行われていたある種の衛生法、ある種の沐浴法、またはある種の人生観が、不思議なことに今また前面に現れています。もちろん全く違った形で。つまり、古代エジプトで蒔かれたものの結果が今、顕在化しつつあるのです。古代エジプトと現在の間に、支点のようにギリシャ・ローマ文化が位置します。

エジプト・カルデア文化期の前に、古ペルシャ文化期★[11]がありました。循環的な進化の法則によると、我々の文明においてエジプト・カルデア文化が循環的に再興されているように、我々の文明の次の時代においては古ペルシャ文化が再興されると予見できます。進化の流れには法則性があるのです！　不規則でもなければ、混沌でもありません。しかし、歴史家たちが推測に使うような、今日起こるすべての出来事の原因を直前の時代に求め、近い過去に起こった出来事の原因をそのまた直前の時代に求める、などというような法則ではありません。歴史家たちは、ある出来事がそれに続く出来事に直接関連する、というふうに出来事を連鎖させます。しかしよく観察するとそうではなく、そこには周期があり、オーバーラップがあり、一度現れたことがしばらくの間隠れていて、かなり後になって再び現れるのです。人間の発達を外的に観察することで、こうしたことを見極めることができます。

しかし、前回の二つの講義に参加し、精神科学の光のもとに人類の進化を研究している方々にとって、出来事の流れ、〝成りゆく〟発達の流れの中に霊的法則の証拠がある、ということは明らかだと思います。また、魂の生活がある程度深まった人は、こうした内なるつながりの糸を実際に知覚できるようになる、ということも明らかだと思います。この領域に属するものをすべて把握するのは簡単ではありませんし、時にはいかさまやいんちきに傾き、低次の衝動や本能に訴えかけてしまうこともありますが、それでも次のことは真実なのです。

人間が個人的な関心を排除し、霊的な生活の隠れた力を活性化することができると、その人の知識は「単に自身の環境や、自身や身近な人の人生の記憶からのみ引き出される」ということがなくなります。物質的なこと、個人的なことに影響されなくなったとき、その人は自身の人格を超えて成長し、自身と共に存在する高次の力に気づきます。それはただ適切な訓練さえ行えば開発できる資質なのです。このような深い力が表面に出てくると、人生に起こる出来事についてもその隠れた原因が明らかになり、その人の魂は、時代を超えて生じたことすべてがその影響を未来に投げかける、という真理を垣間見ることになるでしょう。精神科学が私たちに示す法則は「どんな出来事――これは霊的な領域にも当てはまります――も、存在の流れに無意味に漂っているわけではない、それらすべてが影響や結果をもたらすのだ」ということです。我々は、そうした影響が後の時代に現れるにあたり、その基盤となっている法則を見出さなければなりません。そうするとこの法則に「人間は前世の結果として今生に生まれ変わる」ということが内包されている、と洞察できるでしょう。

カルマの働き、すなわち運命の法則についての知識は「原因は時間の胎内に横たわっていて、それが変容して再び現れる」という洞察から生じますが、予言を真剣に受けとめていた人たちや、予言に実際に従事していた人たちもすべて、この洞察を得ていました。彼らは、人生の歩みには法則性があり、魂はその法則を理解するための力を呼び覚ますことができる、と確信していたのです。しかし、魂は焦点を合わせるポイントを必要とします。事実、世界は相互に関連した全体なのです。人間が物理的な生活において風や天候の影響を受けるように、我々をとり巻くすべてのものには、たとえその詳細がはっきりしなくても、つながりがあると考えるのは難しいことではありません。たとえ自然の法則を探そうとしなくても、星々や星座の動きの中にある何かが思考を呼び覚まします。そこで感じられる調和が、私たちの人生の流れの中にも同様に存在する調和やリズムのことを、想起させるのではないでしょうか。さらに観察すると、詳細が見えてきます。

『霊学の観点からの子どもの教育★12』という拙著で述べたように、個人の一生はそれぞれ異なる期間に区分されます。誕生から歯の生え変わりまで（おおよそ0〜7歳）、そこから思春期まで（おおよそ7〜14歳）、そこから21歳まで、さらに21歳から28歳まで……7年ごとに明らかに質が異なっており、それぞれの七年期の後には新しい能力が現れます。これらのことを研究する方法を知っていれば、人生におけるリズムの明確な証拠を見出すことができ、それを言わば星空の中にも再び見出せるのです。驚くべきことに、人生をこの観点から観察すると――ただし、このような観察は我々の反対派にありがちな熱狂的なものではなく、冷静でバランスのとれたものでなければなりませんが――、多くの人の場合28歳頃、魂に何かが起こることが分かるでしょう。四つの七年期を経て、重要な何かが完結するのです。7年×4は、28年……厳密に正確な数字ではないものの、これは土星のおおよその公転周期です。土星は四つの部分からなる一つの円を描いて公転し、黄道帯（12星座）を一巡します。その進行は人間の誕生から28歳までの人生の進行と実際に呼応するのです。円が四つの部分に分かれるように、この28年間も7年ずつの四つの期間に分かれます。このように、宇宙空間における惑星の公転に、人生の歩みと同じ要素を見出すことができます。

また、他の天体の動きも、人生のリズムに呼応しています。ベルリンの医師フリース[13]★が行った非常にすばらしい研究は、今日ではほとんど注目されていません。その研究はまだほんの初期段階にすぎませんが、もしきちんと研究されれば、人生における誕生と死のリズムがはっきりと認識されるでしょう。これらの研究はすべてまだ初期段階ですが、やがて、星々とその動きを天空の偉大な時計ととらえ、人生にはリズムがあって、ある意味でそれが星々によって規定されているとみなす時代が来るでしょう。星々に原因を探さずとも、このような内的つながりから、人生も同じようなリズムで進行しているだろうと考えることは十分可能です。たとえば、朝一定の時刻に家から外に出たり、窓から外を見たりすると、会社に行く途中のある男の姿がいつも見えるとします。時計を見て、彼が毎日一定の時間にそこを通ることを知ります。時計の針がその出来事の原因なのでしょうか？　もちろん違います。しかしそのリズムが一定であるからこそ、我々はその人が決まった時刻に家の前を通り過ぎるだろうと推測することができます。そういう意味で、星々の中に、個人や民族の生の進行を刻む、天の時計を見出すことができるのです。

これらのことは、人生を観察し研究するための重要な観点でしょう。精神科学はこのような深いつながりを示唆することができるのです。ティコ・ブラーエ、ケプラー、その他の人々がなぜ計算に基づいて研究を行ってきたのかが、理解できるでしょう。ティコ・ブラーエよりケプラーの方が特にそうでした。ティコ・ブラーエの魂を知ると、それがノストラダムスの魂とある種似かよっていたのがわかります。しかしノストラダムスの場合は、計算する必要は全くなく、屋根裏部屋に座って星々の印象に身を委ねればよかったのです。彼はこの才能を、自分の生来の資質だと考えていました。そのため、何にも妨害されることがありませんでした。しかし、日常生活のあらゆる思考、感情、懸念、興奮を捨てた後に生じる、魂の内なる静寂を必要としました。魂は、純粋で自由なあり方で星に向き合わなければならなかったのです。すると予言が、絵やイメージとしてノストラダムスの前に浮かび上がってきました。彼が「土星や火星が有害である」と天文学的な言葉で語ったとしても、彼は運命を予言する際に、物理的な土星や火星のことを考えていたのではなく、次のように考えたのです。「これこれの人物は、戦争好きで戦いを好む気質を持っているが、一種の憂鬱な気質も持っていて鬱になる傾向があり、それが肉体に影響を及ぼす可能性がある」と。ノストラダムスがこうしたことを思い描くと、彼の前に、その人の人生に将来起こる出来事が、絵のように立ち現れました。憂鬱の傾向と闘争心が一緒になる、つまり〝土星〟と〝火星〟です。これは感覚的なイメージに過ぎません。彼が〝土星〟と〝火星〟について語るとき、それは次のようなことを意味しました……この人物を現すものが絵として立ち現れてくるが、それは天における土星と火星のオポジション（占星術で〝衝〟と呼ばれる。地球から見て二つの天体が真逆の方向に見える状態で、対立や緊張を表すとされる）やコンジャンクション（占星術で〝合〟と呼ばれる。地球から見て二つの天体が同じ方向に見える状態で、星同士が互いに力を強め合うとされる）に呼応するものだ……これはあくまで彼の表現の手段でした。星を眺めることが、ノストラダムスの中に、他の方法では不可能な、魂の奥深くまで見通すことのできる霊視力を呼び起こしたのです。

ノストラダムスは、一定の行動をとることによって、人間の中にまどろんでいる魂の内なる力を呼び覚ますことができる人でした。彼は、献身的で敬虔な気分で、あらゆる懸念や不安、外的な世界の心配事を完全に捨て去りました。自己を完全に忘れ去り、自分の人格を感じることなく、彼の魂は彼がいつも引用していた次の公理の真実を知っていました。それは、「あなたの心配事について私が話せることはすべて、神が私の口を通して話されることです。あなたの神の恩寵によって語られたと受けとめてください」ということです。このような畏敬の念なしに、真の霊視力は存在し得ません。このような態度こそが、霊視力を持つ者がその才能を乱用したり、不正に利用したりしないことを保証するのです。

ティコ・ブラーエは、ノストラダムスとケプラーの間の移行期を象徴しています。ティコ・ブラーエの魂を眺めると、彼が前世の記憶を呼び起こそうとしているかのように思えます。それはギリシャの予言を思い起こさせます。彼は、あらゆるところに宇宙の調和の現れを見出そうとした、古代ギリシャ人の魂に似たものを持っていました。それが彼の魂のあり方でした。彼の占星術における洞察力は、その魂のあり方に由来していました。まるで天文学的計算は、過去や未来に起こる出来事を眼前に浮かび上がらせる力を呼び起こす、小道具であるかのようでした。ケプラーの思考は、現代人の思考が——ケプラーの時代よりも一層——抽象的であるという意味で、ティコ・ブラーエよりも抽象的でした。ケプラーは多かれ少なかれ純粋な計算に頼らざるを得ませんでしたが、その予言ももちろん正確でした。なぜなら霊視から得た知識によると、星々の位置と人間の行動の間には実際につながりがあるからです。時が経つにつれて、占星術はますます計算や算術だけのものになっていきました。霊視力は純粋に知的な思考に取って代わられ、今や占星術の予言は知的な推論に過ぎないものとなっています。

過去にさかのぼればさかのぼるほど、古代の預言者たちが民族の運命について語った内容は、彼らの魂の深みから立ち上ってきていたことがわかるでしょう。ヘブライ人の預言者たちは、神との交わりの中で、個人的な関心事から離れ、民族の大きな関心事に完全に身を委ねることで、これから起こることを察知したのです。ちょうど、教師がある子どもの中にのちのち特定の資質が現れることを予見して、それを考慮するように、ヘブライ人の預言者は、その民族の魂をひとつの単位として見ていました。過去が彼の魂の中で熟成され、その結果が偉大な未来のビジョンとして彼に示されたのです。

しかし今、人間の生活において、予言は実際何を意味するのでしょうか？ 次のように考えてみればわかるでしょう。歴史には、必ず出来事の流れを作る偉大な人物たちの存在があります。現代では、ひとりの人間が他を圧倒することは嫌がられ、全員が同じレベルにいることが好まれます——すべての人間の能力が平等であることを望むあまり、人々は特定の人物たちが他より力を持っていると認めたがりません——。それにもかかわらず、偉大で高度に発達した指導者たちが、歴史の進化の過程の中で働いているのです。歴史は現在前述のように見られているため、偉大な出来事の数々は単にアイデアの結果であり、特定の人物に由来するものではない、と考えられています。神学の一派には「イエス・キリストという個人は存在する必要がなかった」と主張しながらも、自分たちをキリスト教徒だとみなしている派があります。世界史は結局のところ特定の人物たちが作ったものではないか、という彼らへの反論に対し、この神学者の一人が答えました。「それは、森が木々でできているのと同じように当然です。歴史も人間によって作られているのです」と。しかし、考えてみてください。その森全体は、数粒の種から成長したのではないでしょうか？　確かに森は木々からできていますが、その木々は土に撒かれた数粒の種から生じたのではないか、と調べることが大事なのです。人類の進化における出来事についても、結局のところ、特定の人物たちが他の人々を触発したことから生じたのではないか、と問うべきなのです。

世界史についてのこのような考え方が示唆するのは、人類の進化をリードする役割を担う人々は「余剰な」力を持ち合わせているのではないか、ということです。彼らがこの力を善用するか悪用するかは別問題です。このような人たちは、自分の中にある余剰な力を使って環境に働きかけます。この余剰な力を、個人的なことに使う必要はなく、それは彼らの行為の中に表れるかもしれませんし、行為には出口を見出せないかもしれません。また、行為に移そうとすると常に何らかの障害に阻まれる、という人もいます。ノストラダムスは興味深い例です。彼は医者であり、その能力で非常に多くの人々に祝福をもたらしました。しかし、誰かが良いことをしているという考えは、しばしば不興を買うのです！ノストラダムスは羨望と嫉妬の対象となり、カルヴァン主義者[14★]であることを非難されるようになりました。ユダヤ人であることも、カルヴァン主義者であることも不審に思われ、そのため彼は人々を癒す仕事を辞めざるを得なくなり、職業を放棄しました。しかし、この素晴らしい仕事に使われていた力は、引退後、彼の中から無くなってしまったのでしょうか？もちろんそうではありません。物理学において、エネルギーや力は保存されるとされます。ノストラダムスの場合、仕事を放棄した際、彼の中の力が別の方向に向かったのです。もし彼の医療活動が続いていたら、その力は将来、全く別の結果を生んでいたことでしょう。私たちの行為は、いったいどこで終わるのでしょう？

ノストラダムスのように、ある活動から手を引くと、その行為の流れは突然止まってしまいますが、力そのものはまだそこに存在します。ノストラダムスの魂の中にあった力は残り、変容し、未来のある時期に行為として使われたかもしれない力が、彼の眼前に絵を立ちのぼらせる力に変容しました。ノストラダムスの場合、行為が霊視の才能に変わったのです。

この同じことが、今日予言の能力を与えられた人々にも当てはまるかもしれません。古代ヘブライの預言者たちの場合もそうでした。聖書の中の歴史が示すように、これらの人々は、自分の民族の過去及び未来に属する力と真のつながりを持っていました。自身の魂、自身の個人的生活は、彼らにとって何の意味もありませんでした。彼らはもともと戦い好きではありませんでしたが、余剰の力を内に持っており、それは最初から、変容後のノストラダムスの力と同じような形をとりました。そうした力が行為に注ぎ込まれる人たちもいましたが、ヘブライ人の預言者たちの場合、それは壮大な絵やビジョンという形で現れました。霊視の才能は、人間の中にある行為への衝動、魂の中の余剰力の変容と直接結びついているのです。

したがって、霊視力は決して理解しがたい能力ではなく、自然科学で求められるような思考に合致するものなのです。しかし、霊視の才能が「現在」を越えるものであることは明らかです。

「現在」を越えるための唯一の方法とは何でしょうか？　それは、理想を持つことです。しかし理想は通常、抽象的なものです。人は理想を自分の前に掲げ、それが「現在」の現実に適合していると信じます。しかし、抽象的な理想を掲げるのではなく、超感覚的な世界の目的に沿って働こうとする人間は、時代の胎内に存在する原因を見出そうとして、次のように自問するのです。「これらの原因は、時間の流れの中で、どのように現れるだろうか？」彼はこの問題に、知性ではなく、より深い霊視力をもって臨みます。「過去」についての真の知識が、知性によってではなく、より深い力の働きによって得られた場合、魂の前に未来の絵が呼び起こされ、多かれ少なかれそれは実現するのです。そして今日、霊視の才能を正しく行使する者が、古い時代における進化の流れを熟考すると、眼前に具体的な理想が、絵となって立ち現れてくるでしょう。この絵は彼にこう告げているかのようです。「人類は今、転換期を迎えている。これまで闇の中に隠されていた特定の力が、ますます姿を現しつつある。そして、今日人々が知性と想像力に精通しているように、決して遠くない未来に、魂の中に新しい能力が現れるようになり、それを通して超感覚的な世界の知識を求める衝動が生まれてくるのだ」

　この魂の新しい力の夜明けは、すでに知覚できます。このような未来を垣間見て刺激を受けるとき、我々の態度は狂信者のようにもならず、単なる現実主義者のようにもならず、霊的な進化のためになぜこうしたことや、ああしたことを行うのかが理解できるようになります。これが基本的に、すべての真の予言の目的です。予言者が描いた未来像が厳密に正確でない場合でも、この目的が達成されることを我々は知っています。人間の魂の中の隠れた力を感知できる人は皆、未来に起こることについて誤った絵が立ち現れる可能性があることを、他の人たちよりもよく知っています。また、そうした絵になぜ多くの解釈の可能性があるのかも理解しています。特定の示唆が与えられているものの、それが曖昧で漠然としている、と訴えるのはあまり意味のないことです。そうした絵は確かに曖昧かもしれません。しかし重要なのは、未来に向かう進化に関連した衝動が、人間の中にまどろんでいる力に働きかけ目覚めさせる、ということなのです。これらの予言は、細部にわたるまで正確であってもなくてもよいのです。重要なのは、人間の中で力が目覚めるということです！

したがって予言とは「未来の予測によって好奇心を満足させる手段」というよりも「霊視の才能が人間の手の届くところにある、ということを刺激的な形でわからせてくれるもの」と考えるべきです。影の側面もあるかもしれませんが、良い側面もあるのです。良い側面は特に、人間が一日をやみくもに過ごすのではなく、また遠い未来に向かってやみくもに進むのでもなく、自身の目標を定め、知識の光のもとに自らの衝動を方向づけることができたときに、明らかになるでしょう。世界の出来事について多くの素晴らしいことを語ったゲーテの、次の言葉も正しいのです。「過去を理解した者は、未来をも理解することができる。両者は今と結びついていて、そのすべてが完結してひとつの全体を成す」これはゲーテの『バキスの予言』に出てくる美しい言葉です。

予言の存在意義は、好奇心や知識欲を満たすことにあるのではなく、未来のために働こうとする衝動にあるのです。今日、我々が予言を真に客観的に扱おうとしないのは、現代が純粋に知的な知識に高い価値を置きすぎている時代だからです。それは意志の衝動を燃え立たせるものではありません。しかし精神科学は次のことを認識します。過去から現在にかけての予言の領域に多くの影の側面があったとは言え、未来への意識を高める努力の中で、知識欲や好奇心を満たすためではなく、意志に火をつけるものとして、ひとつの種が形成されたのだ、と。そして「人間のすべてを冷たい知的基準で判断するべきだ」と主張する人々でさえ、予言の目的が意志の衝動を刺激することであるということを、この世界の展望から学ばなければならないのです。

予言に対する攻撃にどのように応えられるかを考え、予言の核心と目的を認識した今、我々にはある程度の正当性を持って次のことが言えるでしょう。この領域には、学問的な哲学が思いもよらないようなことがたくさん存在します。確かにそうです。しかしこの知識の光のもとに、もう一方の言い分を証明する多くの事実も現れてきます。知的な知識は、それらがどんなに正しくても、意志の衝動を引き起こすことができないため、しばしば全く価値がない、ということが明らかになるのです。

哲学には思いもよらないことがたくさんある一方、他方では、天と地に関する科学的研究領域における非常に多くの事柄が、正しい努力の種を刺激しないため、役立たないというのも事実なのです。しかし、その初めも中間も終わりも、すべては人間の活動・人間の行為にかかっている、ということを示す知識の光のもとに、進歩は成し遂げられねばなりません。

（了）

七年期同士の対応関係

宇宙における人類の過去と悪の謎 第５講

Die Polarität von Dauer und Entwickelung im Menschenleben Die kosmische Vorgeschichte der Menschheit FÜNFTER VORTRAG GA184

ドルナッハ 1918年9月14日

私は、人間の本質を次のように洞察しようとする、現代の神秘主義者たちを知っています。彼らが会得したと信じていることを伝えましょう。彼らはこのように言うのです。「地上を歩き回る人間たちを見ていると、その存在全体が謎のようだ。人間の魂は、人間としての存在全体の中に表現できるものをはるかに超えた在り方をしていて、人はいわば他の人々との関係性を通して、自分自身を明らかにしていく。だから人間というのは、もともと地上を歩く姿とは全く異なる存在だと考えざるを得ない。その内実は、地上での見かけよりもずっとずっと強大な、包括的な宇宙スピリットであるはずだ。人間が大宇宙での生活を剥奪され、この地上に追放されたのには理由があるに違いない」。このような考え方をする、ある神秘主義者が言いました。「人間は、謙虚さや要求しないこと、さらには自分を小さく感じることをここで学んでいるが、本当は偉大で強大な宇宙スピリットなのだ。しかし何らかの理由で、そのような宇宙スピリットとして生きるに値しない存在になってしまった」と。

多くの人は、このような考えを一笑に付すことでしょう。しかし人生について深く考える人は、こうした神秘的な考えも結局は、人生の謎を解くことが非常に難しいからこそ生じるのだと知っています。この難しさは特に、より多くの人たちが真の現実に深く入り込もうとするにつれ、ますます鋭く意識されるようになってきました。私はもちろん、特定の神秘主義を信奉している人々が持つこうした考えについて、何も言うつもりはありません。ただ、人間の魂の中にはそうした概念も存在するのだ、ということを示したかっただけなのです。人間という謎に対する、抽象的で多かれ少なかれ哲学的な、もしくは神秘主義的な答えを、他にも同じようにたくさん提示することができるでしょう。

では、なぜ色々な人々が、しばしば非常に変わったやり方で「地上の人間存在が本当は何なのか」を明らかにしようとするのか、それを理解しようとするとさまざまな事柄に行きつきます。とりわけ、人間存在に関する大きな疑問ということになると「人々はあることを達成する準備ができていない」ということに気づきます。それを達成する必要性については、日々のあらゆる場面で、頻度は少ないにしても確実に認めているにもかかわらず、です。つまり、希望的観測によって自分にとっての真実を曖昧にしてはならないこと、そして自分が真実であってほしいと願ったものが、真実の客観性の基準にはなり得ないことを、人々は日々のあらゆる機会に認めているはずなのです。普段の生活の中で小さなスケールであれば誰もがすぐに認めることですが、大きなスケールになると、人間が現実にかなった人生哲学に到達できないのは、真実を把握しようとする際に自分の願望を持ち込まずにはいられないからに他なりません。そして、無意識の願望とでも呼ぶべき願望が、大抵の場合、最も大きく影響するのです。そのような願いが魂の中に存在していると人々は認めませんが、そうした願いは魂の中に潜在意識として、無意識のまま存在しています。そのような願いを意識化することによって、幻の人生から解放され、真実の領域に入ることこそが、精神科学のトレーニングの役割なのです。

こうした無意識の願望は、特に人生の最も崇高な真理が作用する際に、すなわち人生そのものの本質に関する真理、物質世界における誕生から死までの通常の人生に関する真理が作用する際に、影響してきます。客観的で現実に即した正当なアプローチをとりたいならば、人生を理解するために、常に人生の全過程を眺める必要があります。このような、現実に即した人生の研究が、ある人が全く望まないような、潜在意識においても望まないような結果をもたらしたと想像してみてください。そうするとその人は、その望まない結果を覆すために、見せかけの論理を駆使してできる限りのことをするでしょう。

地上の人生において「真実が人間の願望と一致しなければならない」ことを示すものは、本来なにもありません。無意識の願望であっても、そうです。むしろ人生についての真実は「全く愉快なものではない」と言えるかもしれません。

今述べたことは、精神科学的な研究により、確かな事実であることがわかっています。もちろん、より高い視点を見いだすことは可能であり、そこからは物事がまた違って見えるかもしれません。しかし、人々が地上で望む人生の場合、真の観察によると事実は確かにそうであり、人間の真実とは、人生に安楽さを求める人のほとんどが、かすかに身震いするようなものなのです。それは、潜在意識つまり無意識レベルの身震いかもしれませんが、時に非常に強い戦慄を生じさせます。その際、人間は人生全体に目を向けなければなりません。

我々は、注意深く客観的に見るならば、人生全体をそれぞれ異なる時期に区分することができると知っています。それらの時期については、私の著書『霊学の観点からの子どもの教育』に書かれています。人生を、誕生から永久歯が生え始めるまで（おおよそ0～7歳）、永久歯が生え始めてから性的成熟まで（おおよそ 7～14歳）、性的成熟から20代初め（平均すると21年目）まで、そしてそこから28年目まで、というふうに見て初めて、人間を理解することができるのです。このように、人間の一生を七年周期で考えてみると、自然科学で何かを理解しようとする時と同様に、人間の一生を理解することができます。

それぞれの七年期に重要なことが起こります。昨日も、人間が宇宙の中に身を置きながら生きていることについてお話しし、コンパスの針のイメージを思い浮かべてもらいました。コンパスの針が一方は北を、もう一方は南を指しているように、人間の頭の形は、はるか遠い過去を指し示し、四肢の形は遠い未来を指し示しているのです。

しかし、人間と宇宙との関係は、人生のそれぞれの時期で異なります。最初の七年期に私たちの中で働いている原理と、二番目の七年期に働いている原理は、本質的に非常に異なっています。誕生から7年目に、永久歯が生えてくることによって、それまでまるで堰きとめられるかのように蓄積され続けてきたものすべてが多かれ少なかれ現れます。それは人生の最初の7年間に働く宇宙の力からもたらされるのです。そして、人間が性的に成熟する時期（おおよそ14歳）には、それまで抑えられていた、また別のものが現れます。それはある意味、人間に色合いを与えるものです。その要素が発達するのは、宇宙の中で構築された一定の発達の力が、人生の第2七年期において人間の中に働いていたからです。

そうした状況ではありますが、人間全体の中のさまざまな構成要素は、常に相互に作用しあっています。子どもたちは、永久歯が生えてくるまでの間にも魂の活動をある程度展開しますが、これは人生の初期において特に重要です。ジャン・パウル★15の以下の言葉を思い出してください。「大学時代にあらゆる教授から学んだことよりも、人生の初期に乳母から学んだことの方が、間違いなくより価値を持つ」。この言葉の中には、とても賢明で正しいものが含まれています。我々はただ、物事を正しく評価すればよいのです。最初の7年間で我々は多くのことを学びますが、いわば知的な意味でということになると、学んだことがらは我々の内的生活の中に鈍くとどまるだけだ、と言えます。その大部分が身体の中にとどまる、と言えるでしょう。私の著書『個人と人類を導く霊のはたらき★16』を読んでみてください。子どもの人生の最初の7年間には、通常とは異なる価値が見出せるとおわかりいただけるでしょう。その時期の人間には、並外れた叡智が働いています。子どもがこの世に生を受けたとき、脳はまだかなり未分化な状態です。脳は時間の経過とともに分化していくのです。研究してみると、発達する脳の構造は本当に、例えば後年、我々が機械を設計したり何らかの科学的な仕事をしたりする際に使うどの叡智よりも、はるかに深い叡智を反映していることがわかります。もちろん、我々がこの世に生を受けてすぐに達成したこのようなことを、後年になって意識的に達成することはできないでしょう。誕生直後には我々の中で、宇宙の条理が働いているのです。宇宙の条理については、言語の発達について話した折にも触れました。人生の最初の7年間には、偉大な宇宙の理《ことわり》が人間の中で真に作用しているのです。

第2七年期において、この宇宙の理《ことわり》は、性的成熟に向けて人間を色づける作用をもたらします。宇宙的な知性も働いていますが、この時期はまだほんの少しです。人間の内面で使われずに残ったものが、頭へ上がっていくと言えます。頭も何かしらを受けとりますが、頭は通常、人間の内面で使われなかったもの、内面の無意識的な領域で使われなかったものを受けとるのです。発達はさらに、七年周期で続いていきます。

人々は通常、人間の人生全体、いわゆる〝ノーマルな（標準的な）〟人生を研究しようとしません。ノーマルな人生を研究するには熱意が必要です。真の人間について探求し、さらに偉大な宇宙の法則について探求する必要があります。奇妙に聞こえるかもしれませんが、人生の最初の7年間に人間の中に働く原理を理解したいと思っても、それは子どもにはもちろんできませんが、若者になってもできないのです。20代になったら人生のすべてを理解できると思われるかもしれませんが、それもできないのです。理解することはできません。幼年期に起こることをある程度理解することができるのは、誕生後おおよそ56年目から63年目の間に、そうした洞察を人間の内面、内的経験の中に探し出そうとする場合です。かなり高齢になって初めて、人生最初の7年間という子ども時代に我々の中で作用するものについて、少しばかりの洞察を得る機会がやってくるのです。現代人は10代を抜け出さないうちから一人前になりたいと思っているので、これは受け入れがたいことでしょう。この世の中には、我々個人に関わることで、50代にならないと理解できないようなことがあるのだ、と認めなければならないのは、現代では受け入れがたいことかもしれません。7年目から14年目までの性的成熟に向かう時期については、おおよそ49年目から56年目、つまり50代前半頃にならないと、ある程度理解することはできません。

人生を理解するのに役立つので、私はこのような真理が受け入れられるようになればいいと思います。人が通常、人間について想定する真理は、人々がそうであってほしいと願うことがらです。それは無意識の願いなので、人々はそのことに気づきません。性的成熟期(14年目頃)

から21年目までのことについては、42年目から49年目の間に内的な洞察がある程度得られ、その時期について何らかの意見を持つことができるようになります。35年目から42年目の間には、20代の発達過程について、つまり28年目までの発達過程について、何らかの洞察を得ることができるようになります。これらは、真の人生観察に基づくものです。これは精神科学的な観察方法を訓練することによって得られるもので、今日よく言われる〝自己認識を得る〟ための見せかけの方法などによるものではありません。人間の本質に対する真の洞察力を身につけなければならないのです。おおよそ28年目から35年目の間だけは、人間は自分が体験していることについて、同時期に理解することができます。その時期には理解することと考えることの間のバランスがとれているのです。人生の前半には、人はいろいろなことを考えたり、思い描いたりすることができます。しかし、前半生で思い描いたことを本当に理解するには、後半生を待たねばなりません。

これは不愉快な真実ですが、人生とはそういうものなのです。次のように言う人たちさえいるであろう、と想像できます。「人間が内なる法則でそんなにも厳密に規定されているのならば、どこに自由意志があるのか？ 人間の自由はどこに？ 人間としての意識はどこにあるのか？」

と。それは、ヨーロッパとアメリカに同時に存在できないから不自由だと感じたり、月を取ってくることができないから不自由だと感じたりするようなものです。事実は人間の思い通りにはなりませんし、自分のことを知ろうとする場合であっても、事実には向き合わなければなりません。我々が、変化し変容していく人生を生きているのは、無意味なことではありません。人生のあらゆる時期には、他の時期との関係性において、意味や意義があります。我々は60代に向かって、いわゆるノーマルな（標準的な）人生を送っていくわけですが、明日こうした観点から早世についてもお話しします。人生の前半に自分の中で作用していたことについて、我々は後半になってようやく理解できるようになるのです。

人生についてのこうした真実がもっと広く受け入れられるようになれば、人々はより確信を持って、自分の方向性を見定めていくことができるようになるでしょう。人生において確かな基盤を築くことができるからです。現代人は、客観性だけではなく願望に基づいて「まあ、20代まではいろいろと学ばなければならないが、そうすれば人生において何に対しても準備が整い、成熟した状態になる」と、しばしば簡単に言います。しかしそのような人たちは、人生の内的なつながりを全く見過ごしています。人生を知るというのは、まさに内的な取り組みなのです。そしてこの内的な取り組みを行う際には、願望を沈黙させ、客観性を考慮に入れる必要があることを忘れてはなりません。

人類の進化の過程で、一定のバランスが生じてきました。以前にもお話しましたが、その昔は全く違っていたのです。アトランティス時代から今日までの人類の進化について、つまり人類が次第に若返っていることについて[★17]、皆さまは私が話した内容を覚えていらっしゃるかと思います。進化の過程で、ある要素が他の要素と関連するようになったため、一定のバランスが生じました。それが生じていなかったとしたら、20代の人たちは私が説明したように、人間の真実についての一定の事柄は、40代にならないとはっきり把握できないと信じるしかなかったでしょう。そのような状況にはなっていません。というのは、人間の進化の過程で、概念そのもの、つまり理念のあり方が、ある年齢の人が別の年齢の人のことを感じとる際に、一定の感覚的確信を持てるようなあり方に変わったからです。

もし、40代や50代の人たちに自分の人生経験を語らせることができるならば――もちろん、その人たちが何らかの人生経験をしている必要がありますが、というのは、現代人は何も経験しない傾向があるので——、もし、若いときにそうした人たちの人生経験を聞くことができるならば、今日ではその年長者の権威をただただ信じるという必要はありません。これは進化のお陰で起こった状況です。若者たちは、考えることができるのです——考えることしかできないのですが——。思考が持つ性質・性格には、単に信じること以上のもの、すでにある種の洞察の可能性が含まれています。そうでなければ、人間は若いときには考えることしかできず、理解するのは年をとってからだ、と言わざるを得なかったことでしょう。しかしそこには、純粋に権威を信じること以上の何かが存在するのです。これがある程度のバランスを生じさせています。

私が今言ったことを、人生の真実として受けとめてください。人生の真実として受けとめると、それが実際の人生に光を投げかけてくれます。もし私が述べてきたことが人生の中に存在し、考えられ、感じられ、人々がそれを知覚するならば、それが人々の関わり方にどう反映されるかを考えてみてください。それが、人の魂と魂を結びつける要素をどのように創り出すことになるかを。ただ考えることができるだけの若者と比べ、年長者は経験することができる、つまり考えたことを理解することができるのだと知っていれば、若者は年長者を特別な目で見るようになるでしょう。このように人生を理解すると、異なる年齢の人が話してくれることに対して、これまでとはずいぶん違った関心を持つようになるでしょう。そして自分が高齢になっても、周りの若者や子どもたちに興味を持ち続けるでしょう。「最も賢い人であっても、幼い子どもから学べるものだ」と、私が何度も言ってきたのを覚えていらっしゃるでしょう。最も賢い人は、喜んで、そして愛情を持って、幼い子どもから学ぶに違いありません。モラルその他の人生哲学についてはは学べないかもしれませんが、特に宇宙の秘密については、幼い子どもからまさに無限の知恵を得ることができるはずです。そうした宇宙の秘密は、人生の後年とは全く異なる方法で、幼い子どもの内に働いているのです。こうしたことが単なる抽象的な理論ではなく人生の知恵となれば、魂と魂を結びつける関心はとてつもなく大きくなることでしょう。

愛の絆を強め、高め、増大させるのは、精神科学の特徴なのです。愛の絆は、本来互いへの関心に基づくものでなければなりません。通常の合理的な知恵は、人を冷淡にしてしまうことがあります。冷淡な学者たちがそうです。精神科学は、その実質が真に把握されていれば、人を冷淡にすることはなく、どんな状況にあっても常に、互いへの関心を強め、高め、人間が他の人間を愛するよう促すものなのです。

今日は、受け入れるのが不愉快であっても、事実・真実であることをお話ししようと思いました。たとえ不快であっても、事実を大胆に直視することに慣れなければ、精神科学における進歩はありません。

もうひとつの事実は、昨日の話でも明らかなように、我々が現在の人類進化サイクルで得ることのできる知性は、限られた時代における洞察にしか適さないということです。アイスキュロス[18]★やホメロス[19]★や旧約聖書の『詩篇』などを軽い気持ちで翻訳する人たちを、私は全く羨ましいと思いません。正直、羨ましくありません。ヴィラモーヴィッツ氏[20]★のギリシャ劇の翻訳のような俗物的たわごとが、本当にアイスキュロスを再現していると現代の人々が信じるならば、それは単に時代の悲しい兆候でしかないのです。スケールが大きくなった途端、人々は観察することができなくなってしまいます。また多くの場合、小さなスケールのものを観察する忍耐力も持ちあわせていません。練習として、小さなスケールのものを観察してみるのもいいかもしれません。幼稚な、小さな例をあげてみましょう。

先日、ここスイスで発行されている国際誌の中のエッセイを読んだのですが、それは社会主義作家カウツキー[21]★が、あるロシアの社会主義者がカウツキーの本をひどく間違って引用し、本に書かれていることと反対のことをカウツキーの見解として伝えていることに不満を述べているエッセイでした。事の性質や関係者たちの性質からして、カウツキーの文章が意図的に誤った形で引用された可能性は極めて低いのです。その後、そのロシア人社会主義者のエッセイを読みましたが「彼がカウツキーの見解をそのように表現したのは奇妙だ」と言わざるを得ませんでした。私はそれを読みながらも自分なりに考えました。そのようなことがあり得るなんて、と大変興味深かったのです。読み進むにつれて、何が起こったのかをすぐに理解しました――そしてそれは後日彼が謝罪した際に、真実だと証明されました――。彼はカウツキーの著作をドイツ語の原文で読んだのではなく、ロシア語に翻訳されたものを読んだのです。ドイツ語でエッセイを書いていた彼は、それを逆翻訳したのです。つまりドイツ語からロシア語への翻訳と、その逆翻訳が行われたわけです。そのために、本に書いてあることと反対のことが引用されてしまったのです。

ある言語から別の言語に誠実に翻訳しようとしただけで、このように真逆の内容になることがあり得るのです。誤ったおかしなことが行われているわけではなく、基本的には今日翻訳が行われる原則に従っただけなのです。これは、小さく、幼稚なレベルの観察です。このようなことを観察する忍耐力がある人なら、次のように言われても驚かないでしょう。「ホメロスを理解するのは、今日の我々の力では全く不可能だ。我々はわかったつもりになっているだけなのだ」と。

これはこの問題の外的な側面ですが、そこには重要な内的側面も存在します。ホメロスの時代には、人間の魂のあり方があまりにも異なっていたので、現代人はホメロスを理解する可能性から遠く隔たっているのです。現代の人間の魂は、知性で大幅に染められています。ホメロスの時代の魂は、そうではありませんでした。現代人は、日常的な魂の状態にとどまっている限り、その知性の色合いを払拭することができません。知性は、人が思う以上に強制的で、意識する以上に強力なものなのです。現代人は抽象的な概念と共に生きていますが、ホメロスは全くそうではありませんでした。しかし現代人は「自分はホメロスが理解できない」ということを、自身の潜在意識や無意識の願望に納得させるのは難しいと感じます。彼らは自分にこう言い聞かせます。「現在の通常の理解力で、ホメロスの時代のことを理解するのは諦めなければならない。アイスキュロスの時代でさえ、そうだ」と。しかしこのように放棄することは、人々の潜在的な願望と全く相容れません。そこで精神科学の出番となります。精神科学は、通常の魂の状態にとどまらせるのではなく、包括的な魂の状態を喚起し、そうすることで現代の通常の魂とは異なる種類の魂の状態に入っていくことを可能にするのです。精神科学の手段によって、現代の魂にはアクセスできない状態に再び入り込むことが可能になります。しかしこの放棄・諦めは、現代人にとって非常に重要なことです。「我々の理解力は、人類の進化過程の限られた範囲にまでしか及ばないのだ」と自分に言い聞かせるのです。未来を眺める場合も、同じように考えることが重要です。

今日、皆さんがたとえどんなに明瞭に書いたり、話したり、話したことを書き留めたりしても、それが長く意味をなすことはないでしょう。逆説的な言い方をするならば、近い将来、時代は過去よりも速く進むようになり、今日我々が話したり書いたりすることを、我々の理解の仕方で理解することは全くできなくなるでしょう。

もう一度言いますが、私たちが今言っていること、書いていることを人々が理解できるのは、未来に向かうある期間までだけなのです。

歴史家たちは文書について言及し、あくまで物理的な文書に頼りたがります。しかし、私たちが理解できるかできないかは、文書の存在ではなく「私たちの理解力がそこまで及ぶかどうか」にかかっているのです。私たちの理解力は、はるか先の時代のことには全く及ばなくなります。そして、その時点で諦めを持てなければ、カント・ラプラス理論などのようなものに行き着くことになるのです。これについては、かなり多くの機会にお話ししています。

カント・ラプラス理論とは何かというと、我々の通常の思考や魂の状態が、この世界の起源から遠く離れてしまっているにもかかわらず、現在の知性を用いて世界の起源を考えようとする無力な試みであり、カント・ラプラス理論が唱える時間について言うと、それは現在の世界理解から考え出されたものであり、実際の世界の起源ではあり得ないものなのです。

「時間的にある一定の範囲を超えると、洞察力を得るために別の方法に頼る必要が生じる」という知識は、精神科学が提供しなければならないことでもあります。精神科学的な研究に拠らない限り、あるいは知性に縛られた感覚とは別の感覚を働かせようとしない限り、人々は一定の限界を超えて過去の時代を洞察できないのです。

今お話ししたことに注意していただければ、現代人の視野がいかに狭いものであるか、おわかりになると思います。視野が狭くなるのは、今日主流である通常の知性では理解が及ばない際に、別のレベルの研究や洞察に頼る用意ができていない場合です。

我々は、イマジネーション、インスピレーション、イントゥイション的洞察[22★]へ上昇することが可能であると知っています。これらの方法は、我々を異なる領域へと連れていってくれます。こうした方法のみが、現代の思考と魂の状態で我々が探求できる「認識の範囲」を拡張してくれるのです。

現代の魂の状態を取り巻くすべては、人間の自我に結びついています。これについては、私の著書『神智学[23★]』や『神秘学概論[24★]』などを読んでいただければと思います。人間はまた、その本質として、アストラル体、エーテル体、肉体などの構成体[25★]から成りたっています。

しかし、現代の通常の魂は、アストラル体へも、エーテル体へも、肉体へも降りていきません。解剖学者たちは結局、外的側面しか見ることができません。

内的な洞察となると、肉体はもちろんのこと、自我を超えたものをとらえることはできません。我々は人間を、内側から理解していく必要があります。今日の講演の冒頭でお話しした人生に対する洞察は、この内的な理解の始まりであり、人生の後半で理解できるようになることがらも——たとえそれらがかすかな始まりに過ぎないとしても——、そうした理解の始まりなのです。さらに良いスタートを切るには、精神科学的な視点へと上昇する必要があります。人間を内的に把握すると、我々は単なる知性から意志に基づく行動へと降りていきます。昨日私は、意志の主体、つまり私たちの中にある実際の意志は、宇宙の記憶を貯蔵していると言いました。ですから、我々は人間の内部へと降りていかなければならないのです。我々にその意志さえあれば、人生の後半に通常の知恵とともに発達させられるものが、この「降り立つこと」の始まりとなるでしょう。それは多くのことを明らかにしてくれるわけではないかもしれませんが、人間が人生に必要とすることについて啓発してくれるでしょう。

しかし、もし我々がさらに高次の知識を獲得して降り立つならば、自身の内へと降り立つことを通して、宇宙の記憶は我々に開かれます。しかしその時、カント・ラプラス理論とは異なるもの、たとえば「我々が自身の肉体の中に担っているもの」が現れます。ご存知のように、肉体は我々の中の最も古い部分であり、その起源は地球の四つの転生の始まりである土星期にまでさかのぼります[★26]。肉体に降りていくと、この土星期における地球の転生状態がどんなものであったかを認識できるようになります。しかし、人生の後半に得られる通常の人生の知恵からも、人間の本質にさらに深く入り込むために何をしなければならないかを学ぶことができます。人間は世界のイメージ（像・似姿）であり、自身のイメージを洞察することで、世界を知ることもできるのです。

潜在意識、つまり無意識の願望が幅を利かせるのは通常、カント・ラプラス理論やそれに類するもののように、本当は「自分には理解できない」と言うべきところを、軽い気持ちで、あるいは安易に何かを考え出そうとするときです。ここでもう一度触れますが――我々は、課題に対して円環的にアプローチしなければならないので……――、現代の課題である「現代人が理想と現実の間に橋を架けることを、何が妨害しているのか」というお話をしたいと思います。

様々な時代の人々が、こうした問題を克服しようと模索してきました。しかし、こうしたことについて完全に明らかにするのは難しいのです。というのも、そうすることは不快で、人々は事実に直面するのを好まないからです。現代では、物事の半分を認識し、残りの半分を認識しないことが習慣となっています。その典型的な例を述べます。カール・マルクスは言いました。「哲学者はこれまで、自分たちの概念で世界を解釈しようとしてきただけだが、我々は世界を変える必要があり、世界を変えるような思考を本当に見つけなければならないのだ」と。最初の部分は全くその通りです。哲学者は、哲学者である限り、世界を解釈することに努めてきましたし、もし彼らが少し知的であれば、世界を解釈する以外のことができるとは思わなかったでしょう。しかし、１８０９年から１８３４年までライプチヒ大学で教鞭をとり、基礎哲学から最高レベルの哲学に至るまで多くの著書を残した、あらゆる哲学的俗物根性のまさに典型であるヴィルヘルム・トラウゴット・クルーク★[27]は、ヘーゲル派の哲学者に対し、概念のみならず「ペンの発達」をも推論すべきだと要求し、これにはヘーゲルも大いに激怒しました。しかしこの分野でも、次のように言って諦めることが必要です。「確かに、我々人間は、世界が人間の生活で成り立っている限りにおいて、人類全体として世界を変えるよう求められている。しかし現在の思考では、その変化をもたらすことができない。現代人が持っているこの思考は、自然を理解するには素晴らしく十分であり、実に適しているが、意志が効力を発揮するような事柄の達成には全く適していない」。しかし、これは不愉快な真実です。なぜならこれを見抜いたとき、人はもはや次のように言えないからです。「哲学者はこれまで世界を解釈しようと努めてきたが、重要なのは世界を変えることだ。そして、自分は何らかの弁証法によって世界を変えることに貢献できると密かに信じている」。そう言う代わりに、次のように言わなければならなくなります。「哲学者たちは〝物〟について言及するからこそ、解釈できたのだ」。自然の場合は、ただ解釈するだけで十分です。なぜなら、自然は私たち抜きでそこにあり——神に感謝します、と言いたくなるところかもしれませんが——、我々はそれを解釈するだけで満足できるからです。社会生活や政治生活は、我々抜きには存在せず、それらについてただ概念として把握するだけでは十分と言えません。概念としての把握は、それらを解釈するのには適していても、形成していくのには適していないのです。そこで必要なのは、単なる理論化——これは昨日示したように、大部分が幻覚であり、現代のお家芸ですが——から現実の生活へと移行することです。事実に基づいた現実の生活においては、今日の人々が慣れ親しんでいるような直線的なとらえ方をしてはなりません。ある人が別の人に伝える理念は、確かに何かにつながっていきますが、常に同じものにつながっていくとは限りません。絶対的な真理は存在しませんし、絶対的な事実も存在しません。すべては相対的なものなのです。また、私が言葉に乗せる効果は、私がそれを真実と考えるかどうかだけでなく、ある特定の時代の人々がどういう状態にあるか、言わば、どう反応するかによって変わってくるのです。このことを考える上で、重要な例を挙げましょう。

キリスト教時代の14世紀くらいにまでさかのぼると、その世紀以前は、神秘主義について人々に語ることが可能であったことがわかります。当時はまだ、神秘的な概念が人々を教育し、衝動を与える力を持っていたのです。インド人、日本人、中国人などアジアの東洋人たちの多くは、こうした資質をまだ保っています。古い資質が、後世の人類の特定のメンバーによって保持されたためです。昔のヨーロッパ人も持っていたそのような資質について、現代でも多くを研究することができます。しかし、人類の魂の全体的な構成は変わってしまいました。そして今日、たとえば神秘主義を伝える人は誰でも、次のような時代が刻々と近づいていることを意識していなければなりません。それは、正しい神秘主義――マイスター・エックハルト★[28]やタウラー★[29]などの神秘主義――を人々に伝えると、その人々の反応によってルシファー★[30]が彼らを誘惑することになり、その結果、喧嘩や争いが起こってしまう、という時代です。神秘的で敬虔な演説をすることほど、宗派を喧嘩や争い、意見の相違、互いへの罵倒に導くものはない、と言ってもいいでしょう。さて、普通に考えればそんなことはほとんど不可能に思われますが、これは実際、真実なのです。なぜなら、重要なのは人間が話す内容だけでなく、人間が物事にどう反応するか、だからです。世界について知っている必要もあります。そしてなによりも、自分の願望に基づいて物事を考えてはなりません。

以前、南ドイツのある町で私が行った「聖書と叡智についての講演」に参加していた、二人のカトリック神父たちとの会話をいつも思い出します。その二人の神父が反論できることは、何もありませんでした。講演には、彼らが異を唱えられるようなことは、何も含まれていなかったのです。しかし神父たちは、たとえ反論できないとしても、そのようなものを受け入れることはできませんでした。そこで彼らは言いました。「内容からすれば、私たちもだいたいあなたと同じようなことを話します。しかし、私たちは誰もが理解できるように話しますが、あなたは一定の教育を受けた一部の人たちだけに話していますね。話す内容は、誰にとっても理解できるものでなければなりません」と。私は彼らに言いました。「そうですね、あなたが誰にでも理解できると信じていることと、私がそれについて信じていること、その違いは重要なことではありません。重要なのは、人々が何を理解するかについての我々の理論的見解ではなく、現実を調べることなのです。この点で、あなた方は簡単に現実のテストをすることができます。お聞きしますが、もしあなた方が自分の方法を適用し、皆に理解できると信じる方法で今日あなた方の教会で話をしたとしたら、すべての人があなた方の教会に行くでしょうか？　教会には行かず、外に留まる人もいるのではないでしょうか？　あなた方が皆のために話していると信じていることよりも、外に留まる人がいるという事実の方が重要なのです。現実には、外に留まる人たちがいるのです。あなた方がすべての人に語っていると信じているのは、あなた方の信念です。私はあなた方の教会に行かない人たちにも話しています。人は現実を受け入れなければならないし、もう教会に行かなくなったけれど正当な理由で霊的な世界への道を探している人たちへも話ができる、というのが私の考えだからです」。

これは、「現実に即して考え、自分の見解がどうあるべきかを現実に沿わせること」と、「ほとんどの人の場合、紡ぎ出し考えだし願っただけの事なのに、知っている気になって断言してしまうこと」の違いを示す、ありふれた例です。現実を研究する人は、事実が真実を示した時に、自分が正しいと考えていたものをいつでも捨てて、考えを違う方向に向けることができます。現実は、人が望むほどには単純に進まないのです。

ですから、最も敬虔な神秘主義、最も心に響く神秘主義を教えようとすればするほど、宗派のメンバーはますます喧嘩腰になり、怒りっぽくなる、ということは確かにあり得ることで、今後ますますそうなることが人間性の進化における傾向なのです。しかし、一方的な自然科学的見解を人々に教えることも、同様に間違っています。自然科学的な見識を得るには相当の知的鋭敏さが必要であり、私が誰よりも自然科学的真理を評価していることは、ご存じの通りです。しかし、自然科学的な真理だけを世に説くと、自然科学的な真理を見出すために使われる知的鋭敏さが、人を束縛することに大きく寄与してしまう、というのも事実なのです。一方的な神秘主義はトラブルや争いをますます増加させ、現代的な意味での一方的な自然科学は、内なる自由の欠如、内なる束縛をもたらすのです。ですから、精神科学は一方的な神秘主義にならないよう、また一方的な自然科学にならないよう努めるのだ、どちらか一方を過大評価したり過小評価したりすることなく両方に対して公正であろうとするのだ、二元論から三元論へ進もうとするのだ、というのは、適切な考え方であるとおわかりいただけるでしょう。どちらか一方ではなく両方を受け入れ、一方が他方を照らすようにすること、それが精神科学のめざすところなのです。例えば、純粋に自然科学的思考を持つ人が神秘主義を非難するのは常に良くないことであり、その人が言うことは大抵愚かなことです。しかし同様に、自然科学的知識を何も知らない純粋に神秘主義的な人が自然科学を非難するのも、たいていは愚かなことです。神秘主義者だけが、神秘主義についてあれこれ言うことを許されるべきで、自然科学を知っている人だけが、自然科学についてあちこちであれこれ言うことを許されるべきなのです。そうすれば、主張をそのままに正しく評価することができます。しかし、自然科学について何も知らず、おそらく自分を偉大な神秘主義者だと信じている人が自然科学に対して判断を下したり、神秘主義について何も知らない自然科学者が神秘主義に対して判断を下したりするのは、常に良くないことなのです。精神科学の分野で何度も言われてきたのは〝ある種の真理は、普通の生活の快適さとあまりに矛盾しているので、人々にとって逆説的に思えるに違いない〟ということです。

さて、今日私は、ある意味で皆さんの魂に未解決のまま押し寄せていた様々な事柄についてお話ししました。「たとえそうでないことを望んだとしても、認めざるを得ない人生の事実」についてお話ししました。今日、自分を偉大な人間、多くのことをなし得る人間だと考えている人の中には、こうした人生の真理を知らない人たちがたくさんいます。それこそが、現代の破滅的状況の根底にあるものです。人生を知る大きな必要性があるにもかかわらず、人々がそれを知ろうとしないのです。

明日は、今日皆さんの魂に押し寄せたであろう矛盾のいくつかを解決するために、いくつかのお話をしましょう。

（了）

訳者 付記 1

別の講義の中でシュタイナーは、人生の各七年期と人間の構成体の関係についても語っています。以下にその部分を訳出しておきます。

「私が示した区分は、この物質世界における人生にとって非常に重要です。最初は誕生後7年目まで、つまり永久歯が生えてくるまで、次は14年目の思春期まで、次は21年目までと、七年周期による区分です。そして、こうした人生の各段階に起こることを真剣に考えると、35年目が重要な時期であることがわかるでしょう。それまではいわば準備期間であり、準備期間を終えたそれ以降は、それまでに準備されたものを土台にして人生を築いていくのです。この35年目というのは、非常に大きな意味をもっています。その時点までは、体の成長だけでなく、魂の成長も続いてきたからです。

さて、人生における成熟した状態は、多くの場合35年目以降にしか得られないということを明確に強調しなければなりません。そして、この人生の35年目を別の角度から考えてみると、さらに重要なことが見えてきます。この七年周期の人生を魂の前に置くと、まず7歳までに肉体が構築され、14歳までにエーテル体が構築されます。14歳から21歳まではアストラル体と呼ばれるものが作られ、組織化されます。その後、28歳までは感覚魂[★31]、35歳までは悟性魂、42歳までは意識魂が作られます。そして、霊我へと続きます――これはある意味アストラル体が進化したものですが――。人生のさらなる段階は、七年周期ではなく、不規則に進行していきます。未来の時代においてのみ、それらは規則的なものになっていくでしょう。このように、誤った教育によって妨げられない限り、35年目までは一定の規則性をたどるのです[★32]」

訳者 コラム 1

JRR・トールキンの有名な『指輪物語』は、神話学者ジョーゼフ・キャンベルが言うところのヒーローズジャーニー（英雄の旅）です。主人公フロドが旅への要請を受け、冒険の道中で師や仲間たちとの絆を深めながら目的地をめざします。様々な試練に直面しますが、最大の試練は自分の弱さと向き合う場面――それを乗り越えて使命を果たし、帰還するまでが旅のプロセスです。

私たちの人生は、トールキンが紡ぐ物語ほど壮大ではないかもしれません。でもそれぞれの人生が、小さな小さな「英雄の旅」であるとは言えないでしょうか。試練を越えて手にした経験や成果を周囲に還元し、この世界をちょっぴり良い場所にしていく。そしてその成果は、はっきり目に見えるものだけとは限りません。その人のあり方や、その人からにじみ出る雰囲気のような形をとる場合もあるでしょう。

シュタイナーは、時代の必然として、現代の人間はますます孤独感を深めていると言います。その中にあって意識的に他者と繋がろうとしなければ、分断は深まるばかりです。ここで、シュタイナーの言葉をもう一度あげておきます。

「精神科学は、その実質が真に把握されていれば、人を冷淡にすることはなく、どんな状況にあっても常に、互いへの関心を強め、高め、人間が他の人間を愛するよう促すものなのです」

ここまでの二つの講義で述べられた人生の法則に関する知識も、様々な世代の人々が互いへ関心を寄せることを促すものではないでしょうか。愛と関心によって孤独の壁が溶けると、あなたもフロドのように新たな旅への要請を受けるかもしれません。あなたの人生には、これまでにどんな師や旅仲間が登場しましたか？今、人生の旅のどの辺りでどんな景色を眺めていますか？あなたにとって、捨てなければならなかったのはどんな指輪で、最大の試練はどんなものでしたか？そして、旅の終わりに何を携えて帰還したいと願うでしょうか？

27歳と人類の意識の進化

人類進化の様々な側面 第１講

Menschliche und Menschheitliche Entwicklungswahrheiten
ERSTER VORTRAG GA 176

ベルリン1917年5月29日

現在の状況は、通常の意味での祝祭を行うには適していません（この講義は第一次世界大戦の最中に行われました）。このような困難な時代には、精神科学の研究によって、このような時代状況の深い基盤を多少なりとも正しく理解することが最善でしょう。そこで今日は、この問題を解明するような特定の研究成果についてお話ししたいと思います。アトランティス時代後[★33]から現在までの人類の発達を、特別な観点から見てみたいと思います。しかしこの考察を行った後、様々な理由から、今夜は社会そのものについても語らざるを得なくなるでしょう。

数年にわたってお話ししてきた様々な事柄から、ある意味、人類全体の進化と個々の人間の発達とを比較することが可能だとわかっています。というのは、どちらの発達も少なくとも一見したところ、時間的な経過の中における進歩だからです。私は何年も、特にアトランティス時代以後の人類の内的進化について調査をしてきました。この冬の研究の間に多くのことがわかりましたが、この問いとの関連でも重要なことがわかったのです。

外的な観点から人類進化のある期間のことを考えると、人類進化のある期間は、個人の人生のある年齢からある年齢までの発達にとてもよく呼応しているという結論に至ります。従って、人類全体の進化は個々の人間の発達と同じような経過をたどるに違いない、と思われるのです。

しかし、それらが決して同じではないことがわかりました。さらに、特に現在の人類に関した重要な秘密が、この「同じではない」という事実に結びついていることもわかりました。精神科学でおなじみの考え方を用いて、アトランティス時代後の最初の文化期、つまり我々が通常「古インド文化期」と呼ぶ時代にさかのぼって、「その古インド文化期の人類一般の意識状態は、個々の人間のどの年齢に相当するのだろうか?」と問うことができます。霊的な研究は、非常に不思議な結果を生み出しています。霊的な調査をすると、非常に驚くべきことがわかります。私はよく言うのですが、かつて人類の文明があちこちに生じていた時代について「人間の魂の内的構成は本質的に今と同じであった」と考えるのは、あまりに安易なのです。全くそんなことはありません。このような見方は、物質主義的な科学で考えることしかできない現代人が、人類の進化において人間の魂がいかに比較的短期間に変化してきたか、特に魂がどう発達してきたか、こうしたことについて思考を形成できないために生じたのです。今日、周りの人間を見ると、個々の発達のある特定の時期に、人はまず肉体的に成長することがわかります。身体器官のある部分はより繊細な構造へ、ある部分はより粗い構造へと発達し、身体が大きく育つだけでなく、それぞれの身体器官が内的に完成されてもいきます。そしてある年齢までは「魂の発達と霊的発達」は「肉体的な発達」と結びついており、いわば並行して進んでいくことがわかります。教育者はこれを無視するわけにはいきません。しかし我々は、ある年齢以降になると、魂・霊の発達と肉体の発達との、この密接な結びつきがなくなることも知っています。ある年齢で、人間は自分を完成させたと考えるようになるのです。現在、周りの生活をより詳細に見てみると、かなり早い年齢においてさえ、人々は自身を完成されたものと考え、これ以上学ぶことはないと考えていることがよくわかります。ゲーテの『タウリス島のイフィゲーニエ★[34]』やシラーの『ヴィルヘルム・テル★[35]』を、ある年齢以降に読ませようとするのは、多くの人にとって無理な注文だと言うのです。これらは学生の時に読むもので、若い時期に属するものだ、ある年齢を過ぎるとそのようなことは気にしなくなるのだ！と言うのです。これは一般的ではないかもしれませんが、非常に広く浸透している態度です。人生の他の多くの領域でも同じような態度が見うけられます。しかし、そこに横たわっている真理は次のようなものです。人間は、個人の発達のある時点で肉体が一定の成長を終えると、霊的・魂的なものが肉体的器官の成長・発達にもはや依存しなくなり、それ以降霊的・魂的なものは自由に独立して発達していく、という真理です。このことに我々は気づかされます。今日の人類を見ると、今特徴づけたような時点が、ある年齢で生じていることがわかります。より詳しく話していきましょう。しかし、今日と同じような状況が、古インド文化期にも起こっていたと考えるならば、それは大間違いです。

当時ももちろん、人は6歳、12歳、20歳、30歳、40歳、50歳……と生きていましたが、この「年をとる」ということについて、彼らは異なる体験をしていたのです。その当時人間の魂は、はるかに高い年齢まで、つまり人生の48年目から56年目の時期まで、自分の霊と魂が物質的肉体に依存していることを感じていました。それは今日では幼年期と青年期にしか感じないようなことです。これは何を意味するのでしょう? 当時人間は、35年目までは肉体が発達していく中で魂と肉体が共存していて、その後肉体が衰えていく中でも魂は肉体と共にあり、魂がずっと肉体の発達に依存していると感じていました。最初は成長発達していた肉体が、次第に衰えていきます。現代人は、霊的な面が肉体から比較的独立しているので、衰えが始まっても全く気づきません。アトランティス後の最初の文化期の人々は、肉体の衰えが始まった年齢で、普遍的な霊性が自分の中で解放されるのを感じました。

霊的なものが肉体に依存したままの状態で肉体が衰え始めたため、人間の中で霊的なものが輝き出したのです。アトランティスの大災害直後の時代、この霊的な発達は56歳まで続きました。肉体が衰えていく間も霊・魂が肉体と共存していたのは、当時はまだ内なる霊的ビジョンの響きが残っていたからです。そして特異なこととしては、人間の人生のこの性質（肉体が衰え始めると、年をとるほど霊性が高まるという性質）が、その文化全体に自然に放射されていたのです。その古い時代の若者たちは、彼らが身につけた一般的な概念、思考と感情の習慣を通して、人はある年齢に達するとその魂の内に神的な秘儀が明かされるのだと知っていました。そのため、アトランティス時代後の最初の文化期には、老齢に対する崇拝が存在しました。それは、我々がその古代からの霊的な残響を感じることがなければ、今日もはや想像もできないものでしょう。以前（別の講義で）述べたので触れる必要はないと思いますが、この家父長的年齢に達する前に死んだ人々は、肉体的・物質的な世界とは別の世界があることを知っていました。その世界では高次の霊的存在たちが、若くして死んだ者たちと共に、別の任務を遂行するのだと知っていたのです。こうして誰もが、たとえ老年に達する前に死なねばならなかったとしても、自分の中に満足のいく世界の感覚を持っていたのです。

不思議なことに、こうしたことを調べると、人類は年をとっていくのではなく、若くなっていく、つまり退行していくということがわかります。アトランティスの大災害直後の時代は、私が述べたような人間の発達は人生の56年目まで継続しましたが、その後、55年目までしか継続しない時代が来て、54年目までしか継続しない時代が来て、という風に進んでいったのです。アトランティス時代後の最初の文化期が終わる頃には、その発達は48歳までしか継続しませんでした。その時、人間はある意味で自身に「ここからは自分でやっていくのだ。私の肉体は、もはや私の霊的発達に寄与しない！」と言わねばなりませんでした。そして、これから見ていくように、今日ではこの発達の終了年齢は、古インド文化期の始まりと比べてずっと早くなっているのです。

さて、次に二番目の文化期、古ペルシャ文化期にやってきます。この時代、個人の（発達が終了すると考えられる）年齢は48年目から42年目までに相当します。つまりこの時代に人々は、魂と霊の発達が40代までは肉体に依存していると感じ、40代を超えて初めて肉体からの独立を感じました。それは今日では、もっと早い時期に起こります。つまり古ペルシャ文化期には、魂は有機体の衰え・硬化に、古インド文化期ほど長くは関与していませんでした。また関与の程度もそれほど強くありませんでした。有機体が明け渡した力に、長くは関与しなかったのです。この力が、人間を霊的世界に導き、霊的世界への啓示を与える可能性を持っていたのですが。
古ペルシャ文化期の後、我々がエジプト・カルデア文化期と呼ぶ時代がやってきます。この時代、人類の（発達終了）年齢は全体として、42年目から35年目に相当するところまで下がってきます。つまりこの年齢までは、発達の成果が自ずと人間にもたらされました。このエジプト・カルデア文化期の時代経過において、人間が自分の力で、自由かつ自律的で純粋に内的な発達を開始する年齢が、42年目、40年目、38年目、と早まっていったのです。

この事実は、四番目の文化期、つまりギリシャ・ラテン文化期にとって最も重要な意味を持つように思われます。なぜならこのギリシャ・ラテン文化期には、人類全体として、個人の（発達終了）年齢が人生の35年目から28年目に相当するようになったからです。これはまだ人生の半ば辺りです。このギリシャ・ラテン文化期に何が起こったかを考えてみましょう。この時代に個々の人間として成長した人々は、純粋に人間進化の法則そのものを通して、魂と霊が肉体の成長・発達に依存している状態を体験していました。しかし、ちょうど肉体の衰えが始まり、これはもちろん過激な表現ですが、言わば肉体が硬化し始めたとき、魂は肉体から解放されたのです。ギリシャ・ラテン文化期の人々にとって人生の前半は、人類の一般的な発達過程として体験されました。この時代、個人の発達は人類の一般的な発達と見事に一致していたので、人間が肉体の衰えを感じ始めた瞬間から、それ以上のものが肉体から人間へ現われることが無くなったのです。だからこそギリシャ文化は、その発展過程において、成長し、繁栄し、上昇するあらゆるものに満ちていました。しかし、肉体が衰えていく中でのみ姿を現すことができるものを、見逃してしまいました。つまり当時の人々は、秘儀の霊的指導を受けない限り、自身の人間的性質のために、霊的世界への洞察を失ってしまうことになったのです。

三番目の文化期（エジプト・カルデア文化期）には、霊的世界の洞察は、人間の性質上まだ可能でした。人間は魂の不滅性について、観察から直接何らかのことを知ることができたのです。ギリシャ・ラテン文化期にもまだ、成長し、繁栄し、発達していくものすべては魂によって浸透されていると知ることができました。しかし「人間が死の門をくぐった後も、あるいは誕生するときに肉体に入る前にも、魂は独立して存在している」ということについては、当時の人々は、それをもはや当然なこととして理解してはいませんでした。それゆえ、私がしばしば述べ、よく知られてもいるギリシャの英雄の有名な言葉「影の国で王になるより、地上で乞食になる方がよい[36]★」に表れているような見解が生まれたのです。ギリシャの人々は、地上界とその中にいる人間たちが、いかに魂に浸透されているかを、直接的知覚によって知っていました。このような知覚があったために（地上の世界に重きを置いていたために）、超感覚的世界は彼らから遠いところにあったのです。ギリシャの偉大な賢人アリストテレスが、まさに我々がここで考察した「ギリシャ時代の人々の基本的な考え方」に基づいて思想を展開したのは、興味深いことです。最近亡くなった偉大なアリストテレス学者であるフランツ・ブレンターノ★[37]が行った、「死の門をくぐった人間は、もはや完全な人間ではない、というのがアリストテレスの不死に関する考え方である」という解釈は正しいのです。ギリシャ時代の人であるアリストテレスは、私が述べたような考えを持っていたので、人間が完全であるためには肉体と霊が一緒になっていなければならないという前提に立っていました。アリストテレスは秘儀の賢者ではありませんでしたが、もしそうであったならば、（地上的な）ギリシャ時代の人であったとしても、魂の真の不滅性を知っていたはずです。アリストテレス同様、秘儀の賢者でない者たちはこう言いました。

「もしある人の片腕を切り落としたとしたら、その人は完全な人間ではなくなり、両腕を切り落としたとしたら、その人はさら完全ではなくなる。死に際して起こるように体全体を奪ったとしたら、その人はもはや完全な人間ではあり得ない」

したがってアリストテレスによれば、魂が死の門をくぐった後の人間は、死後の環境と関わるいかなる器官も持たないため、不完全な存在だということになります。この見解は、高次の真理に照らし合わせると確かに間違っていますが、これはギリシャ時代の思考から生じたもので、アリストテレスの場合のように、その思考が最高の高みに達していた人にまで及んでいたのです。ブレンターノは、アリストテレスの不死性に対する考え方について正しく認識していたのです。

さてこの時代、人類の（発達終了）年齢は一般的に、35歳から28歳に相当していました。その時代の最初の三分の一、つまりおよそ33年目で発達が終了していた時代のことを考えてみましょう。アトランティス後の四番目の文化期（ギリシャ・ラテン文化期）は、ゴルゴダの秘儀[38★]前の紀元前７４７年に始まり、ゴルゴダの秘儀後の紀元１４１３年に終わっています。この時期に、もし人類がそれまでと同じように発達していたとしたら、一般に人間はますます若くなり、中年期に到達するよりもずっと早い段階で、霊と魂が肉体に依存するのをやめていたことになります。人類の（発達終了）年齢が34歳、33歳、32歳…と次第に低下していくにつれ、肉体的な力に圧倒され、人類自体の進化を通してはもはや、ギリシャ時代の人々が感じたような「陰の国」における不死性を感じるどころか、超感覚的世界を仰ぎ見ることもできなくなっていたはずなのです。したがって、紀元前747年に始まったこの時代の最初の三分の一が終わるタイミングでゴルゴダの秘儀が起こったこと、まさにその時点でキリスト・イエスが33歳（当時の人類の発達終了年齢）に達していたことは、とてつもなく重要なことなのです。ゴルゴダで、死が生じます。キリスト・イエスは人類の（発達終了）年齢まで成長し、ゴルゴダの秘儀を通して、地上的なものからは得られない方法で人間が不死の知識に至る可能性をもたらしました。それは、キリストという霊がイエスという人格と結合し、33歳になった時点でその霊が地球に結びついたことを通してのみ可能となりました。ちょうどその時点で、人類は超感覚的世界とのあらゆるつながりを失う恐れがあったのです。

全く別の視点から人類の進化を見ている時に、精神科学の研究の過程で「キリスト・イエスの死の時点における年齢」と、「人類の地上での進化全体の流れ」との間にこうした深い関連があることを発見すると、その洞察は魂を深く貫きます。「個人と人類の進化を司る重要な法則の中に、ゴルゴダの秘儀が位置づけられている」と理解することほど、魂に大きな衝撃を与えるものはない、と私は思うのです。我々は、このように精神科学が徐々にゴルゴダの秘儀に解明と啓蒙の光を投げかけていく様子を目の当たりにしています。そして、精神科学がさらに発展し続け、注意深い研究を行うならば、このゴルゴダの秘儀に他の多くの光も降り注ぐことでしょう。ゴルゴダの秘儀に関しては、この地上にいる我々は、精神科学の洞察をもってしても、まだほんの少ししか理解していないことが明らかです。この秘儀は、人類が進歩すればするほど、より深く理解されるようになるでしょう。私自身、精神科学の探求において、今回の発見の瞬間ほど感動したことはまずありません。こう表現してよければ、アトランティス後の四番目の文化期の人類の（発達終了）年齢が、ある時点で33歳になったことと、キリスト・イエスがゴルゴダで死んだ際の年齢が33歳だったこととの関連が、灰色の霊の深みから私の前に立ち現れてきたのです。

そしてさらに、アトランティス時代後の五番目の文化期に至ると、人類の一般的な（発達終了）年齢は28年目から21年目に相当するようになる、と言わざるを得ません。つまり、１４１３年に五番目の文化期が始まった直後、人類の一般的な進化は、人間が「自分の霊的・魂的発達が身体的発達に依存するのは28歳までだ」と感じるような段階に達していたのです。それ以降、魂は独立しなければなりませんでした。ですからこの年齢に達すると、肉体的・物質的なものに依存していてはもはや与えられないものを、霊的な発達を通して内なる魂に与えるよう、十分意識し努力する必要があるとおわかりになるでしょう。この年齢になると人間は、自分個人にやってくるもの、自由と自立の中で自分の魂を直接とらえるものだけを魂の中に受けとり、28年目以降――あるいは27年目以降、あるいは26年目以降、等々――魂としてそれらを導いていかなければなりません。しかし現在、一般的な教育制度は、よく議論されるテーマであるにもかかわらず、あるいは寓話として語られていると言うべきかもしれませんが、人類の現在の発達段階以上のものを人間にもたらすことができないのです。

さて、我々の時代において、人類は全体として27年目で発達終了年齢を迎えます。今後はそれが、26歳、25歳、と下がっていくでしょう。そしてこの五番目の文化期が終わるころには、21年目にまで下がっているはずです。このことから、精神科学の必要性がおわかりになるでしょう。精神科学は、肉体の発達からは得られないものを魂にもたらそうとし、魂の自由な発達を支えようとします。それがなければ、感覚世界や通常の歴史から外的にもたらされるものだけに発達を頼る人間は、我々の時代には27歳を超えて成長することができないのです。たとえ現実には100歳まで生きたとしても、そうした状況が生じてしまいます。つまり、彼らがその内面で表現できる思想、感情、理想は、常に27歳以下の人間の性格を帯びるということです。

私は、今日さまざまな文化領域や公的領域で活動している、非常に多様な人物について研究してきました。この研究は容易ではありませんでした。私は、我々が今日直面しているあれやこれやの疑わしい現象が、実際に何から構成されているのかを突き止めようとしたのです。その結果、我々が今直面していることの多くは、次のような事実に起因することがわかりました。それは、公の場で働く人々が持つ思想や、自身について話すことの中にある基本的ムードが、これまでの観察で述べてきたように、27歳のレベルを超えていないということです。たとえ彼らが年をとっていたとしても、そうなのです。本当に、これから言うことは、何らかの感情や敵意から言うのではありません。こうした研究の基礎研究は、戦前（第一次世界大戦前）からずっと行ってきており、それは講義記録からも証明できることです。

実際には年をとっていても、中身は27歳を超えていないと言わざるを得ないような、典型的な人物がいます。彼はそのような典型的な人物として、現在公的な場で活動しています。他にも言及するのを差し控えたい多くの人々がいますが、ここでは遠くにいる人物をとりあげましょう。我々の時代に、彼から多くのことが生じました。米国大統領のウッドロウ・ウィルソンです。私はこの人の魂の状態を研究するのに大変苦労しました。彼は、魂が独立して発達することからは何も得られなかった人々の代表例であり、我々の時代における人類一般の（発達終了）年齢である27歳を超えて成長することのなかった人々の代表なのです。30歳、40歳、50歳などと言うのは基本的に不当なことで、魂の進歩という面では27歳を超えていないのです。

我々の仲間で、現在起こっている多くの出来事を深く考え、非常に苦しんできたある友人は、私が今ここで語っている同じ内容を私のミュンヘンの講義で聞きました。彼はその講義のあと「現在の出来事の特殊性に関するこの説明は、多くの現象を理解するのに役立つひと筋の光のようなものだ」と私に言いました。

若者に特徴的な抽象的理想、自由についての抽象的な議論、自分の精神的欲望を満たそうとしながらも、世界的な使命があると信じていること、これらはすべてウッドロウ・ウィルソンに非常に特徴的なことなのです。27歳までで成長が止まっていることが、彼の非実用的な考え方を説明しています。つまり、創造的なエネルギーとして現実に働きかけるような思想を見出せず、27歳以下の人が考えるような思想しか求めない一般大衆を喜ばせるような思想しか抱けない……。これらもまた、ウッドロウ・ウィルソンが世にもたらしたものの特徴です。彼の思想は非常に非現実的です。たとえば彼は平和の思想を世界に広めましたが、この平和の思想から自国が戦争を始めることになってしまったのです。物事は深く関連していますが、今私が示したような事実にその基盤があります。そうです、人類進化の深遠な真理は聞いていて心地よいものではないのです。それゆえ、霊的研究の源から汲みとられたこうした深遠な進化の真理は、現在ほとんど好まれません。顕在意識ではなく潜在意識の中で、人々はこうした考えをしばしば不快に感じます。それらを恐れるのです。それは無意識における、つまり潜在意識における恐れなのですが、その恐れが強く働いて顕在意識にそうした考えが上ってこないようにします。そうすると恐れは憎悪や反感に変わり、人々がそれらを主張するというわけです。今日、精神科学に反感をもたらすものは、この潜在意識下の憎悪、そしてとりわけ「人生においてそう簡単に理解できない思想に対する潜在意識下の恐れ」です。現代人が好むいわゆる偉大な思想、たとえば「適材適所」などに比べて理解するのが難しい思想です。未来へ向かうには、具体的な思想、具体的な理想が必要となります。それらは現実と結びつくようなものでなければなりません。私はこのことについて、非常に多様な観点から述べてきましたが、それらは人類の進化・存在の条件についての真の知識から引き出されなければならないのです。理想主義と呼ばれるものの基盤を、このような具体的な霊的研究に置かない限り、人類進化に救いはありません。現実に親和し適合するような理想を、恣意的に創り出すことはできないのです。

私たちの時代に続いて六番目の文化期がやってきますが、その文化期のことを想像してみて下さい。霊的世界の源泉から汲みとられるものが、独立して自由になった人間の魂と結びつかないとしたら、どのようなことが起こるでしょうか？　人類進化における個人の（発達終了）年齢は、21年目から14年目に相当するようになります。30歳、40歳、50歳と年を重ねていっても、自身の内に火を灯して発達を続けていかなかったとしたら、中身は17歳、16歳、15歳のままになるのです。人類進化にとって重要なことは「地球の進化が進めば進むほど、人類の進歩は人間自身の手に委ねられるようになる」ということです。しかし、もしこの「人類の進歩が人間自身の手に委ねられる」ということが認識されないとどうなるでしょうか？　早発性痴呆（現在は「統合失調症」と呼ばれている）が、まん延するのです。ですから、地球という存在の深部を見つめ、人類を脅かしているものが何であるかに気づくことが必要だとおわかり頂けるでしょう。今日、外的には多くの勇気ある行為がなされており、それはもちろん高く評価されるべきことです。しかし、人類がこれからの進化過程で必要とするのは、魂の勇気です。つまり、最初は喜ばしくない不快なものに感じられたとしても、真実に向かう勇気です。人生に快適さや喜びだけを求め、自分を言わば「高揚させる」ような知識だけを聞きたいと願うならば、そうした真理を不快に感じるでしょう。そのような人は楽しい真実を求めたがるものだからです。おそらくそうした状況が、現在非常に広く行き渡っています。たとえ必要なことであったとしても、誰かがあなたに快くない真理を語った途端、あなたはその人を愛せなくなるのです。その人が自分をひどく苦しめる、自分を高揚させてくれない、と思うからです。しかし真理は、口からなめらかに流れ出て、清涼剤のように持ち帰ることのできる言葉などよりも気高いものなのです。それよりも気高いのは、知識から得られる満足感です。安易な快適さではなく、真理と必然性の中に生きることに根差した知識から、そうした満足感は得られます。

以上が、現代の理解のために、私が今日述べたかったことです。

（了）

28・29歳のゼロポイント/ヒポモクリオン（支点）

司祭と医師の協働 司祭と医師への医学講義 第４講

Das Zusammenwirken von Ärzten und Seelsorgern Pastoral-Medizinischer Kurs
VIERTER VORTRAG GA 318

ドルナッハ 1924年9月11日

親愛なる皆さん、今日は、ある人智学上の考察を差し挟みたいと思います。専門外の人々[39]にとってはこのように詳細に扱う必要のない考察かもしれませんが、我々が「健全な責任能力」と、「病理学的な責任能力の欠如」についてさらに議論していく上で必要となります。その違いを認識するのは、医師や司祭にとって重要なことなのです。

まず、「人間には何が本当に遺伝しているのか？　何が遺伝からもたらされ、何が遺伝ではない他の方法でもたらされるべきなのか？」という問いに目を向けることが特に重要です。健康か病気かの判断には、人間のこの二つの要素を区別できるかどうかが大きく関わってきます。人間は、（誕生時に）霊的な世界、超感覚的世界から感覚的世界に入ってくると、つまり「複数の前世における地上生活及び、前回の死と今回の誕生の間の経験に由来するもの」と「遺伝によって受け取った身体」が結びついた後、まず子どもとして日ごとに週ごとに成長していきます。しかし、人間が肉体、エーテル体、アストラル体、自我の四つの構成要素[40]からなる存在であることを認識しなければ、その発達を理解することはできません。なぜなら、全く異なった起源を持ち異なった世界に由来するそれぞれの構成体が、人間の発達にどのような役割を果たすのかがわからないからです。

人間は肉体を持っています。肉体の最も顕著な特徴は、人生の最初の時期に「乳歯」が生え、歯の生え変わりの時期が来ると「永久歯」がそれにとって代わることです。しかし歯の生え変わりは、この時期の人間の変化のうち最も目立つものにすぎません。実は、人間は生まれたときに受け取った肉体を、歯が生え変わるまでしか保持しないのです。身体の物質素材を、絶えず脱ぎ捨てているのです。

それは「人間は7~8年ごとに肉体をすべて脱ぎ捨て、新しいものに置き換える」ということなのですが、正確には、そのプロセスは我々が単純に想像するよりも複雑です。それは確かにかなり正確なのですが、歯の生え変わりそのものを見ると、この考えにはいくらか修正が必要だとお気づきになるでしょう。もしこの抽象的な主張が正しければ、我々は7年ごとに新しい歯を手に入れることになるからです。しかしそうはなりません。我々が新しい歯を得るのは一度きりです。歯は一度だけは置き換わりますが、その後は「再生しないもの」のカテゴリーに属します。歯は、このカテゴリーに属する最も極端なものなのです。実は、人間は地上での発達において、年をとればとるほど古い物質素材を身体に留めおくようになります。7~8年の間に肉体の大部分は確かに置き換わりますが、置き換わらず残るものを区別する必要があります。生後7年目に残るのは、永久歯だけです。それ以降も、7～8年ごとに大部分は置き換わりますが、置き換わらない部分もあります。ですから、最初の7年間については極端に言うと「人間は、生まれたときに受けとった身体物質を何ひとつ残さずすべて脱ぎ捨て、その7年間の間に身体の中に存在し作用していた力だけを残すのだ」ということになります。その力が、全く新たに獲得した物質を身体に充当するため、7歳になると肉体は歯に至るまで完全に新しくなるのです。このことから、現在の自然科学が主張する遺伝の原理は、人生の最初の7年間のみにしか当てはまらない、と理解できるはずです。人間の特徴が両親や祖先に由来するのは、この最初の7年間だけなのです。最初の7年間の肉体は、ある意味、その人間の中で働く芸術家が、新しい肉体を作り上げるためのひな型のようなものです。我々は、自分たちが「霊的な世界から持ち込んだもの」、すなわち我々の存在自体である個性と、「遺伝を通して受けとったもの」が、芸術的な相互作用の中で協働するさまを見ているのです。もしある人間が内的に強い個性を持ち、強烈に強いアストラル体と自我を持ち込んでいれば、それがエーテル体をも強くするので、ひな形にはほとんど従わず普遍的な身体形姿だけに従った人間が現れるでしょう（つまり親にはあまり似ないということ）。もちろん普遍的な身体形姿には従わなければなりませんし、遺伝を通して受け取った身体形姿への親和性もすでに生じているため、遺伝的特徴のいくつかは歯の生え変わり後も残るということは、真の形態感覚を持つ人にとっては明らかでしょう。しかしよく観察すると、内的に強い個性を持つ人の場合、歯の生え変わり後に本質的な変化が起こることが非常に明らかです。それは「強い個性の持ち主は遺伝を通して受けとったひな型にわずかしか従わない」ということに起因しています。

この講義でしばしば言及される聖テレジア★41のような人物を調べてみると、こうした特に強い個性の持ち主たちは、最初の7年間は親に非常によく似ていますが、9年目、10年目になると我々を驚かすような身体形姿へと成長していくことがわかります。その時点で、本当の個性が現れてくるのです。言葉の厳密な意味において、遺伝は人生の最初の期間にしか当てはまりません。後に遺伝として現れたように見えるものは、本当は遺伝ではなく、遺伝を通して受け取ったひな型に働きかけて作った作品だと捉えられるべきです。その作品は多かれ少なかれひな型に似ていることでしょう。それでも遺伝ではなく、受け取った特性を基にして形作られた作品なのです。しかし人間の本質を見てとる人なら、歯の生え変わり前と後では、親に似るという現象が質的に全く異なっているということがわかるはずです。歯が生え変わる前は、本当に遺伝の力が働いています。歯が生え変わった後は、そのひな型に働きかける力が働くのです。

正確には、7歳から14歳、つまり歯の生え変わりから性的成熟までの間の人間の身体はもはや遺伝によるものと言うことはできません。それは、美術館のシスティーナの聖母を模写した画家について、その模写した絵が美術館の聖母から遺伝によってその資質を受け継いだ、などと言えないのと同じです。しかしそのようなことがほぼ信じられているわけです。

エーテル体が主にどのような仕事に関わっているのか、今おわかりになったと思います。歯の生え変わりまでのこの期間、アストラル体と自我はまだほとんど関わってきません。エーテル体は、ひな型に働きかけて新しい肉体を形成します。なぜこのようなことをするのでしょうか？　これはしかし、奇妙な問いかけです。なぜなら、人は自然界に対してこのように「なぜ」と問いかけることはできないからです。これはあくまでも修辞的な問いかけです。なぜそうするのでしょうか？　それはエーテル体が、生後7年間の子どもと同様に、外界から非常に特殊な印象以外の印象をまだ受け取れないからです。ここで我々は、人間の発達に関する非常に重要な秘密、つまり先ほどの問いに答えるような秘密に行き着きます。子どもは実際何を知覚しているのでしょうか？　その答えは、現在私たちが持つ、こうした問いに答えを与えるような考えからは遠く離れたところにあります。しかし私がこの問題を次のように提示すれば、その意味を理解して頂けるでしょう。

人間は、死と新たな誕生、つまり新たな受胎までの期間、霊的な世界に生きています。その世界で人間は、この物質的世界とは全く異なる現実に囲まれています。それは全く異なった世界なのです。人間は、法則性のあるその世界から出て物質的な世界へと入り、物質的世界で肉体を受け取って生活を続けていきます。しかしこの物質的世界でも、人間の知覚から隠されてはいますが、霊的な世界で働いていた力が働き続けています。木を見ると、そこには死と再生の間に出会うのと同じ霊的な力が働いていますが、ただその力は木という物質素材によって覆い隠され、ベールに包まれています。私たちが誕生と死の間に過ごす物質的世界のいたるところで、知覚できる物質的実体の背後に、霊的な力も働いているのです。ですから、霊的な世界の力は、私たちが生まれてから死ぬまでの間を過ごすこの世界にも働き続けていると考えられます。

さて、人生の最初の7年間、子どもの全存在は、あらゆる色、あらゆる形、あらゆる暖かさ、あらゆる冷たさの中にあって、この霊的なもの以外の何ものとも一体化することができません。

子どもは、この物質的世界にやってきたとき、霊的な効力が継続しているのを完全に認識しています。この意識は、歯が生え変わる頃までに徐々に薄れていきます。感覚的な印象は、このことには注意が払われませんが、子どもと大人とでは全く異なります。子どもにとって感覚的な印象は、非常にスピリチュアルなものなのです。ですから教育学の話で述べたように、怒りっぽい父親が隣にいる場合、子どもはその怒りの仕草を意識するのではなく、その仕草の背後にある道徳上のあり方を意識するのです。そしてそれが子どもの身体に入っていきます。したがってこの期間、子どもは、これから自身のものとなる身体、つまり自身の身体のひな型に働きかけて、霊的な力と共に肉体を構築していますが、この間、子どもは完全に霊的な基盤の方に向いていて、霊的な力のもとに活動しているのです。

しかし、それは何を意味するのでしょうか？　霊的な力が働いているとき、現実には何が働いているのでしょうか？　明らかに色や形、暖かさや冷たさ、粗さや滑らかさなどが感覚に働きかけています。しかし、現実には何が作用しているのでしょうか？　実際には、何らかの形で自我に関係するものだけが影響を及ぼしているのです。子どもは、何らかの形で自我に関係する、目に見えない霊的存在たちからのみ影響を受けます。とりわけ人間よりも上の階層の霊的存在たちですが、動物のグループ・ソウルや元素界[42]★のグループ・ソウルもそこに含まれます。実のところ、これらすべてが子どもに影響を及ぼしており、こうした霊的な力、こうした偉大な霊的原動力の中で、子どもはひな型から第二の身体を形成していきます。その身体が次第に成長し、歯の生え変わりが生じるほどまでに成長すると、第二の身体が完成するのです。これが、人間が誕生後、自身のために作ってきた身体であり、自分のものと言える最初の身体であり、霊的世界から作られた身体なのです。

人生のこの最初の時期には、子どもの中に働くものすべてに、つまり子どもの心や身体の動きのあらゆるぎこちなさや不確かさの中に、非常に特別な法則が働いています。これは、子どもが物質的世界に絶えず適応しなければならないことに由来しています。というのも、子どもはまだ夢見心地で、半ば無意識の内に周囲のもう一つの世界、すなわち霊的世界に浸っているからです。いつか医学が正しい霊的認識を獲得すると、我々は人生の最初の7年間における霊的世界と物質世界との相互作用の中に、小児病の真の深い原因を見出すことになるでしょう。そうすれば、今日医学書の中で言葉による説明しかないものについて、ある程度解明が進むでしょう。そうした言葉は形式的なもので、何の現実にもつながらないのです。

エーテル体は、人生の最初の7年間はこうした仕事にかかりきりです。しかし、第2七年期に持つことになる能力、すなわちエーテル体の独自の能力である「知性につながっていく記憶力」についても、静かに着実に開発しています。見る目がある人は、人生の第1七年期から第2七年期に移行するとき、子どもの魂に最大の変化が起こるのを見てとるでしょう。エーテル体は今、成し遂げなければならなかった仕事——言葉の完全な意味において、第二の身体を構築すること——から解放されます。自由になるのです。14歳になっても歯は生え変わらずそのままであり、物質的身体の中には他のものもそのまま残っていることを知れば、エーテル体がどのように解放されるかがよくわかるでしょう。身体物質を更新しなくて済むので、余剰のエーテル体が解放され、自由になります。それは量的には小さなものですが、質的にはとてつもなく重要なものです。それこそが、魂の資質としてとてつもない効力を発揮するものなのです。人間は、三セット目の歯を獲得する必要がない分、また（歯と同様に）進化プロセスに助けられることで他の多くのものも形成する必要がない分、エーテル体を節約し、残すことができます。エーテル体は、最初の7年間は肉体を発達させるために流れ込んでいましたが、今、肉体を発達させた後に残ったエーテル体は、本質はそのまま、純粋に魂の領域で働くようになります。学校で教師が求める能力、教師が訓練するその同じ能力(記憶力の基盤となる能力)で、子どもは乳歯から永久歯への大転換や、その他多くのことを成し遂げます。三セット目の歯を形成する必要がないことで節約される力で、子どもは魂の能力を開発し始めます。これは人間の深部で起こることで、人生の最初の7年間は、魂は身体的な発達の中に完全に埋め込まれているのです。我々はこの身体的発達を、身体的・物質的な意味で理解するのと同様に、霊的・魂的な意味でも理解しなければなりません。我々は、人生の最初の7年間、言葉の完全な意味において、霊的存在が身体の中で活動しているのを目の当たりにします。

しかしこれは、世界の進化とどのように関係しているのでしょうか？　宇宙において、人間の魂が人生の最初の7年間に用いる力は、太陽の諸力です。太陽から降り注ぐのは物理的なエーテル光線だけではありません。その太陽のエーテル光線の中には、人生の最初の7年間に我々のエーテル体が肉体を更新する力と同じ力が降り注いでいます。そこに働くのは、太陽存在なのです。子どもを見てください、子どもがひな型に働きかけてどのように第二の身体を作るかを！　子どもは太陽光から力を吸収しているのです。人間が宇宙の中にどのように組み込まれているのかを、理解しなければなりません。説明したように、歯の生え変わりと共にエーテル体の力がある程度解放されると、それがアストラル体と自我に働きかけます。すると第２七年期では、第1七年期には全くアクセスできなかったものにアクセスできるようになります。月の諸力にアクセスできるようになるのです。

太陽の諸力というのは人生の最初の7年間に働くエーテル体の力であり、歯の生え変わりとともにアクセスできるようになる月の諸力は、アストラル体の力と同一のものです。このように人間は、歯の生え変わりとともに太陽領域から月領域に入り、歯の生え変わりから性的成熟までの間、月の諸力を用いて自分自身に働きかけるのです。太陽領域にはその後も内的に留まっていて、太陽領域からの影響も受け続けますが、月の諸力を用いて、人間は今や、第二の自分の身体（第三の地上の身体）を形成します。その際には第1七年期ほど多くの身体素材が置き換わるわけではありませんが、それでもやはり大部分が置き換わります。このときも余剰の力が残りますが、この力はアストラル的な質を持っていて、魂を変容させていく働きをします。人間が性的成熟期に達すると、7歳から14歳まで肉体の中で働かなければならなかったその力が、身体への働きかけから解放されます。そうすると、魂の中で我々がその力を自由に用いることのできる時期がやってきます。

このように第１七年期には、我々は太陽からもたらされるもののみを使って活動します。そして、歯の生え変わりから思春期までの学童期には、この太陽の諸力が魂の活動のために自由に使えるようになるのです。歯の生え変わりから思春期までの間の子供の魂を教育する場合、純粋に太陽の力だけで行わなければならないというのが、人間の発達を理解する上での、偉大で力強い事実なのです。子どもの魂は、太陽光の中に生きているものと非常に密接につながっています。このような知識、すなわち人間と宇宙の関係性に光を当てるような知識を得ると、人間のハートは開かれます。

月の諸力は、人生の第２七年期には身体の発達のために使われていて、魂のためにはまだ解放されていません。それは性的成熟期になると自由になり、魂に働きかけるようになります。性的成熟期に魂に起こる変化は、月の諸力が魂に浸透することが原因です。ですから、性的成熟後の人間のあらゆる行動の中には、太陽の諸力と月の諸力が共に働いているのです。

こうして我々は、人間の発達の深層を見るのです。我々は、粗雑な自然科学が語るような意味で遺伝を語る習慣から抜け出したいと思います。もう一つの方向に目を向けて、子どもの人間的な活動の中に何が生きているのかを見ようと思います。子どもの人間的活動、及び人間的思考の中に生きているのは、太陽なのです。

石から私たちに降り注いでいるのも太陽です。石はそれ自身の光を持たず、太陽の光だけを反射させているからです。自然主義者はこの事実を認めています。しかしそれは、最もささいな、最も抽象的なことなのです。子どももまた、生後7年目から14年目の間に、太陽の諸力を私たちに反射しています。石から来る光を、太陽の反射光だと言えるのと同様に、第2七年期に子どもが行うことも〝太陽〟なのです。太陽は、ただ単にそこに存在しているのではありません。この「太陽はただそこにある」という物理的な発想は、スープ鍋の中のスープを見た人が、そこに脂肪の塊が浮かんでいるのを見て、その脂肪の塊だけがスープだと思うようなものです。

そう、我々の物質についての考え方は往々にして非常に幼稚で、それらをありのままにさらけ出すと人々は笑います。現実を直視して、もっと笑ってほしいと願うくらいです。今日科学として考えられていることは本当にとても馬鹿げているからです。浮いている脂肪の塊をスープそのものと見なすのは、頭上にある太陽を太陽光の中に浮かぶ脂肪の塊と見なすのと同じことです。実際には、太陽はスープのように世界全体を満たしているのにもかかわらず、です。

このことから、月の諸力と生殖の諸力との関連についても、視野が開けてきます。生殖の諸力は、生後7年目から14年目の間に、徐々に子ども自身の第二の身体を形成しますが、子どもが性的に成熟するとその準備を終えたことになります。ですから、この時期に人間が生殖の諸力を取り込んでいくのは、まさに月の影響によるものなのです。生殖の諸力は完全に月の作用と関係していて、月の作用の結果として生じます。さて、人間は性的に成熟してから20代初めまで（およそ14歳～21歳）に、自身の第三の身体——物質的には第四の身体——を形成していきます。それ以後は、歯の生え変わりまでの7年間や性的成熟期までの7年間のように、厳密に7年ごとに経過していくわけではありません。年をとるにつれ、物質素材が更新されずにどんどん残るようになり、それらが人間の中で固まり、ずっと残る付着物となっていきます。徐々にそうした付着物が蓄積されていくのです。骨の中でも、捨てられ更新される物質の量が年をとればとるほど少なくなります。骨以外の部分も同様ですが、身体の一定部分は他の部分に比べ更新に時間がかかります。歯はその顕著な例で、一度永久歯が生えるとその後は更新されません。更新されるかどうかは、その物質素材が完成した後に、どれくらいもつかによって決まります。ナイフの買い替えが、そのナイフがどれくらいもつかで決まるようなものです。ナイフはその物質部分を自ら更新することができませんが、同じように歯も本質的には更新できないのです。

明らかに、すべては流動的です。まず更新が生じ、その後、更新されない状態へと移行します。歯は強度に関しては、身体の他の部分よりもはるかに遅いテンポで生命プロセスを進めます。それに反比例して、〝質を持続させる〟ということに関しては、歯は身体の他の部分よりも早く悪くなってしまいます。他の部分は、自らを絶えず更新できるからです。もし歯が、身体の他の多くの部分と同じ法則に従うのであれば、歯医者は必要ないことでしょう。一方、身体の他の部分が歯と同じ法則に従うとしたら、この現代文明の中で私たちは皆、若死にしてしまうことになるでしょう。スイスのこの地域でそのような法則がまかり通るとしたら、今は人々の歯がすぐ悪くなるため歯科医が非常に忙しくしているというこの地域に、人があまり住まなくなることでしょう。この地域が〝若死の地〟とされるだろうからです。

さて、このように人間は、人生の最初の7年間は太陽の諸力で、次の7年間は月の諸力で、内的に活動しています。太陽の諸力は第2七年期にも残りますが、月の諸力がそれに混ざります。第3七年期の性的成熟期から20代までは、惑星系の他の惑星たちの、はるかに繊細な諸力が人間によって吸収されます。成長の過程でこの惑星たちの諸力が人間の中に現れますが、これらの諸力の人間に対する影響は太陽や月よりもずっと弱いので、その現れは外的には、はるかに見えにくいものとなります。そうした惑星たちの諸力は14歳から21歳までの間、人間の身体の中で働き続けていますが、20代初めに至ると、魂と精神の領域で働き始めます。しかし我々はそれを、もはや以前ほど強くは意識しません。しかしその時点で、惑星たちの諸力は魂と精神に作用し始めるのです。洞察力のある人なら、人間が20代初めに経験するこの奇妙な変容に気づくでしょう。それまでは太陽と月だけが人間の活動を語っていましたが、今や惑星の諸力がこの太陽と月の効力を修正します。人間の粗雑な観察方法では、この変容を把握することはほとんどできませんが、変化は起こっているのです。

さて、健康や病気との関係で人間を見る者にとって、こうした関連についての知識は必要です。例えば、生後11年目や12年目の人間について、その人間の中に月の諸力が働いていることを知らなければ、何を真に知ることができるでしょうか? しかしここで、疑問が湧いてきます。その後はどうなるのでしょう? その後、更新される部分がどんどん少なくなっていっても、それでも人間は身体物質を更新していかなければなりません。さて、生後21~22年までは、太陽、月、惑星系が次々と人間の成長に働きかけてきます。その後28年目までは、12星座が影響を及ぼしますが、これについてはもう観察するのが非常に難しいはずです。20代初めから20代終わりにかけて、12星座の恒星全体が人間に作用しているのを把握できるのは、神秘学的な知恵があればこそです。そしてこの時点で、世界が硬くなります。世界はもはや人間の中に入ってこようとせず、硬くなるのです。人生の28年目、29年目に世界が人間に対して硬くなるという、人間と世界のこの特異な関係性については、現代の科学はもうほとんど何も知りません。アリストテレスは、まだこのことを「その時点で、人間としておまえは水晶の空に突き当たる。その空は硬いのだ」と言ってアレキサンダーに教えていました。こうして、恒星（12星座）領域の外にある水晶の空について、人間は理解したのです。このことから、人間は20代の終わりに至ると、もはや更新するための力を宇宙の中には見出せないということがわかります。では、なぜ我々は28歳で死んでしまわないのでしょうか？　我々を取り囲むこの世界は、実際私たちを28歳で死なせるのです。人間と世界とのこのつながりを意識的に把握する者は皆、この時世界を眺めて「世界よ、おまえが実際に私を支えてくれるのは20代の終わりまでなのだ」と言います。しかし、このことに気づいてこそ、人は人間の本質を理解し始めます。

さて、世界が形成力を、つまり、これまで我々が自身の身体を形成してきた力を提供しなくなると、何が起こるのでしょうか？ この生後28年目という特異な時点で、過去の成長の力が完全に衰退する状況がはっきり現れ始めます。この時点で、すでに衰え始める人もいれば、流れ去っていこうとする成長の力にもう少しだけしがみつく人もいます。しかし、ゲーテでさえ自分を正確に測ってみると小さくなっていたのです。『ファウスト』第二部の執筆に再びとりかかった際のことです。しかしそれ以前に、彼はすでに衰え始めていました。世界が我々を置き去りにするこの瞬間以降は、我々はそれまでに吸収してきた諸力を使って、自身を更新していかなければなりません。しかし更新できる部分はどんどん少なくなっていくので、子どもがひな型に働きかけて自身の最初の身体を形成するときに歯を作ったような壮大なスケールで、新しい身体を作っていくことはできません。しかし、我々は太陽と月と星々から受け取った非常に多くの力を自分の中に蓄積しています。28歳以降に身体素材を更新していくためには、自分の内にあるその力が必要となります。これは、地上で我々が、自分の人間としての形姿に責任を持つ瞬間なのです。地上で、完全に自分の責任で行動するようになるこの瞬間は、私たちが目指してきた時点であり、そこから先に進まなければならない時点でもあります。このことには、昨日全く別の側面から触れました。宇宙の諸力をたくさん吸収する幼年期から、人間は20代最後のこの時点を目指して努力していきます。その時点がくると、宇宙の諸力から成長の力を調達することができなくなります。そこから先は、自分の身体の諸力でやっていくのです。その狭間にあるのが、宇宙の諸力を使わなくなり、自分の身体から諸力を発展させ始める時点です。

しかし現実には、この図式通りにはいきません。幼児期からすでに、自分の身体の諸力を使って早すぎる活動を行っている例が、しばしば見られます。子どもの病理学的症状、例えば、骨のもろさや特に子どもの脂肪の早期形成において、我々はこうしたことに気づきます。背後にこうした関連性が隠れているのです。人生のどの瞬間においても、人間はこの28歳の時点を目指しているか、あるいはこの時点から遠ざかっているかのどちらかなのです。これは一種のゼロポイント、つまり支点《ヒポモクリオン》のようなもので、時間的に、自分と世界の間に立つ瞬間だと理解できるでしょう。我々の内なる力学には、常に「向かっていこうとする努力」と「離れていこうとする努力」があります。我々の中で起こっていることは何であれ、このゼロ時点に向かう努力か、ゼロ時点から離れる努力なのです。それは、無に向かうということでもあります。我々は、宇宙がもはや作用せず、そして人間もまだ作用を開始しない時点に向かうのです。この二つの間に、ある種のゼロがあります。我々の中には、無に向かう何かがあります。それが我々を自由な存在、責任ある存在にしているのです。我々が責任ある自由な存在であることは、人間の構成に根ざしていて、世界から自分自身へ移行する際に、ゼロポイントを通過するためなのです。ちょうど天秤の針が右から左へ、左から右へとゼロポイントを通過する際と同様です。このゼロポイントだけは、天秤の残りの部分が従う法則には従いません。天秤があるとすると、そこには皆さんが学んだ力学的法則が働いていて、天秤に、これが上で、これが下で、あるいはその逆などと一定の構造を与えます。これは秤の法則、つまり「てこの法則」です。しかし、このゼロポイントの部分を持つと、皆さんはこの秤を持ち歩くことができます。どこに持ち運ぼうと、秤の構造は変わらず、秤は力学的法則に従います。このゼロポイントを除いては。このポイントだけは自由で、秤と全くつながっていないかのように持ち運ぶことができます。秤は全くそれに影響を受けないのです。以前はそこに向かって努力し、その後そこから離れようと努力するゼロポイントにおいて、人間が自分の魂を把握するときも同様です。その時点までは世界が力を与え、その時点以降は自身の力を使うようになります。そしてその中間であるこの時点では、何の力も働きません。そこに向かう流れとそこから離れる流れの間にあるここ、ヒポモクリオンでは、人間は自然によっても世界によっても規定されません。ここに人間の自由の起点があります。ここで人間は責任について理解するのです。

たとえば、35歳の男性の責任能力の程度を、単に素人的にではなく、客観的に判断したいと思うならば、20代の終わりの時点までの発達の異常によって、そのゼロポイントが若年の方に偏っていないか、あるいは老年の方に偏っていないかを問わねばなりません。人生全体から判断して、もしその時点が正常であれば、その人は適切に責任を負うことになります。このゼロポイント時点が若い方に早まっている場合、つまり、世界がその人間に働きかけるのをあまりに早く打ち切った場合、この人が、たとえわずかな程度であっても強迫観念で容易に苦しむ傾向がないかを調べ、そうであれば自身の行為について完全な責任を負わせることがないようにしなければなりません。

もしそのゼロポイント時点が遅すぎる場合、その人が、自身の内的な性質のために、魂を完全に自由に発達させることを妨げられ、身体的なものに囚われすぎているのではないか、と問わねばなりません。もしそうであれば、やはり完全な責任を負わせることはできないでしょう。本当に繊細な意味で判断を求められるのは医者と司祭であり、皆さんは、人間の発達をその人の外観から大まかに判断できることを知っておかなければなりません。医師と司祭のための医学には深い人相学も含まれるので、これについてはさらに説明しますが、その人がバランスのとれた状態にあるのか、ヒポモクリオンは正しい時点で起こったのか、早すぎたり遅すぎたりしなかったか、を見てとることができるのです。

これらは、古い神秘学の知恵の中で、人生の判断において非常に重要だとみなされていたものです。これらは忘れられてしまった知恵ですが、もし人間についての研究が、包括的な意味で影響力を持ち、正しい意味で医療活動や司祭活動に効果を及ぼすべきだと考えるならば、そこに再び持ち込むべき知恵なのです。

（了）

18歳、37歳、55歳などのムーンノード

ミクロコスモスとマクロコスモスの呼応
人間：宇宙の神聖文字 第4講

Entsprechungen zwischen Mikrokosmos und Makrokosmos Der Mensch-eine Hieroglyphe des Weltenalls VIERTER VORTRAG GA 201

ドルナッハ 1920年4月16日

宇宙の構造は実際、人間について絶えず言及することなしには全くとらえることができません。つまり、人間の中に何らかの形で存在するものを、宇宙の中に見出そうとしなければならないのです。我々はこの講義シリーズを通して、このような観点から、少なくとも一つの方向から一種の彫塑的な世界像を得て、そこから次の問いに対する答えを導き出したいと思います。

「人間において道徳と自然の法則はどのように関係しているのか？」

人間を研究すると――私は、これまでさまざまな観点から議論し、説明してきたことを繰り返しているだけですが――人間はまず、我々が「上部人間[43★]」と呼ぶもの、そして「下部人間[44★]」と呼ぶもの、そしてこの二つを結びつけ、二つの間にバランスをもたらす「リズム人間[45★]」に分けられます。

まず、上部人間と下部人間には全く異なる法則が働いていることを認識しなければなりません。これは、頭に制御されている上部人間が、その起源において、感覚的世界とは全く異なる世界の法則が働いた結果、存在しているのだと考えると理解できます。

ここ感覚世界で四肢人間（下部人間）となっている部分を、人間は死と再生の間に変容させる必要があります。もちろん外的な形としてではなく、形成力との関連において、です。この変容は死と再生の間にのみ起こります。四肢人間は、その力において完全に変容するのです。超感覚的な構造において、四肢人間は死と再生の間に変容し、（生まれ変わる際に）我々の主要部分（頭）として宇宙から現れ、新たな地上生へと統合されます。人間の残りの部分は感覚世界から形成され、言わばそれにくっつけられるのです。このことは、発生学的事実が合理的に考察されさえすれば、今日はっきり証明できることです。人間の主要部分（頭）に関わるものすべてに、この世界に全く属さない法則が働いています。この世界に属する法則は、その頭部の起源である、その人間の前世においてのみ働いていました。しかし、四肢人間を頭人間（上部人間）に変容させた力はすべて、全く別の世界、つまり死と再生の間の世界で働いている力です。すなわち、別の世界がこの世界に突き出ているのです。人間の頭部には、別の世界が体現されています。この別の世界は、空間的に広がり、時間的に経過するこの世界とある意味で対応していますが、それは頭部が主要な感覚を外に開いているからです。我々が知覚を通してこの世界を取り込み、世界が感覚を通して私たちの中に入り込むからです。ですから感覚世界も、結局のところ我々の主要部分（頭）に属しています。これとは対照的に、我々の四肢人間の部分は眠っています。私はこれまで何度も、人間が四肢において眠っていることを、意志との関係で述べてきました。我々は、自分がどのように手足を動かすのか、意志がどのように動作へと射し込んでくるのかを意識しません。動作が起こった後に初めて、まるで外的なものごとに気づくように、知覚し、気がつくのです。我々の四肢人間の部分は眠っています。眠りに落ちてから目覚めるまでの間、我々が宇宙の中で眠っているように、です。

つまり我々は、実際全く別の世界に向き合っているのです。この別の世界、一連の事実を魂の前に図式的に置こうとするなら、実際こう言わなければなりません。ここ★[46]にある意味一つの世界があり、それは外的に我々の感覚に語りかけてきます。その感覚に語りかけてくるものを、我々は目や耳などを通して知覚します。我々が頭人間である限りにおいて、それが我々の世界です。しかし我々は四肢人間として、その背後にある世界にも属しています★[47]。ただし、我々はその中へと眠りこんでいるのです。意志の中へと眠りこんでいるか、眠ってから目覚めるまでの間に宇宙の中へと眠りこんでいるか、のどちらかなのです。

この二つの世界は、一方は言わば我々の方を向いており、他方は我々に背を向けています。

後者は感覚の世界の背後にありますが、我々はその世界から外れているのです。古い時代には、この二つの世界は媒介されていると感じられていました。今でも東洋ではそう感じられています。西洋の我々は、ご存知のようにこの媒介を別の方法で求めます。しかし東洋では、現代の人類にとってはすでに時代遅れであるとしても、意識的に、比較的意識的にこの媒介を求めようとします。食事をするとき、実際「食べること」を象徴するのはこの青い線（図はないが、青い線は「感覚世界とは別のもう一つの世界から人間に作用するもの」を表していると思われる）です。なぜなら、物を食べると、眠りの領域で一定のプロセスが生じるからです。もちろん何かを食べるとき、例えば卵やキャベツを食べるとき、そこで何が生じているかに人間は気づきません。これは、睡眠のプロセスが無意識の内に起こっているのと同じなのです。キャベツや卵は、外的な世界を感覚認識へと変えます。しかし食べることは全く別の世界に属しているのです。ただしそこで、我々の呼吸が「媒介者」として働きます。

呼吸も、食べることほど無意識的ではないにしても、ある程度無意識のままに留まります。呼吸は見ることや聞くことほど意識的ではないにせよ、たとえば消化プロセスよりは意識的な行為です。東洋でも原則として、消化プロセスを意識に上げようとする人はいなくなりました。

古代にはそれは確実に行われていたのですが。蛇は消化のプロセス全体を意識に上らせますが、もちろん人間と同じような意識ではありません。反芻動物もそれをしますが、人間はしません。しかし東洋では、呼吸のプロセスが一定の方法で意識に引き上げられます。ある種の呼吸の訓練というのがあり、それを行うと呼吸がある意味、感覚認識のようなものになるのです。呼吸が、人間の代謝において意識的な感覚認識と全く無意識的な感覚認識の間に置かれていることがわかるでしょう。ですから、人間は実は三つの世界に属しているのです。意識的にとらえることのできる世界、全く無意識に留まる世界、そしてその二つを媒介する世界、つまり呼吸の世界です。

呼吸も一種の代謝であり、少なくとも物質的なプロセスではあるのですが、呼吸プロセスで生じているのは精妙化です。呼吸は確かに、代謝と感覚的認識プロセス――つまり外界を完全に意識的に経験すること――の間の、中間段階なのです。

眠ってから目覚めるまでの間、今日の普通の意識では、夢の中で体験したこと、夢の中に映し出されたことだけが、その時点で存在する自我の周りに生じています。しかし人間は全体としてこの時すでに、前回の図で青色として示した世界（感覚世界とは別のもう一つの世界）に、ある程度飛び込んでいると言えるでしょう。人間はこのもう一つの世界に飛び込んでいくわけですが、どうやって飛び込むかを本質的に明らかにしてくれるのが、まさに「夢」なのです。夢が、呼吸プロセス、呼吸のリズムといかに密接に関係しているか、夢を見ているとき、呼吸のリズム、一般的なリズムの影響をいかに頻繁に感じるかをよく考えてみてください。ある意味、人間は夢を見るとき、少なくとも眠りの世界に飛び込むという意味で、意識の世界に引かれた境界線を越えるのです。そこにはイマジネーション[★48]の世界も存在しますが、それは完全に意識を保つことができた場合であり、夢の中で人間がただひと口するだけのその世界を、本当に意識的に認識した場合の話です。

さて、ある関連における完璧な対応関係についてとりあげましょう。まず数字的な関連です。私はしばしば、人間と世界、つまり人類が発達していく世界との間の、こうした対応関係について注意を促してきました。一分間に18回生じる呼吸のリズムに、人間と宇宙の他のプロセスとの間の不思議な対応関係が表れているという事実に、私は皆さんの注意を促してきました。一分間に18回の呼吸は一日に換算すると、すでに何度かお話ししたように25920回になります。そして、人間の通常の寿命である約72年を日数に換算すると同じ数字、25920日になるのです。つまり、眠りにつくとアストラル体と自我を吐き出し、目覚めると再びそれらを吸い込むというプロセスを、常に同じ数字のリズムで行っているということです。そしてまた、太陽の動き——見かけ上か実際かは問題ではありません——を考えてみると、春分点が毎年少しずつずれていきますが、その春分点が天球全体を一周するのにかかる年数が、やはり25920年です。これがプラトン年と呼ばれるものです。

実は人間の人生は、誕生から死までの境界の中で、呼吸その他の最小単位に至るまで、宇宙の法則に基づいて形成されています。ここまでマクロコスモスと、ミクロコスモスである人間の対応関係が明らかに表れている部分を観察してきました。しかしそれ以外にも非常に重要な対応関係があるのです。次のことを考えてみてください。今日はこのことについて、まさに数字を通して注意を促したいと思います。一分間に18回呼吸するとすれば、一時間当たり1080回、24時間当たり25920回呼吸することになります。つまり18に60を掛けて24倍すれば、一日に25920回呼吸することになりますね。

しかしこれを今、春分点の天球一周に見立ててみましょう。これを60×24で割ると、もちろんまた18になります。18年というのは何に相当するのでしょうか？ この18年が何を意味するのか考えてみましょう。２５９２０回の呼吸は人間の一日24時間の呼吸に相当します。この人間の一日24時間をミクロコスモスの一日としましょう。18回の呼吸は、ひとつのリズム単位に相当します。

ここで春分点の天球一周を、単にプラトン年としてではなく、偉大な天の一日として捉えてみましょう――このことに尻込みしてはいけません――。天の一日、宇宙の一日、マクロコスモスの一日としてとらえるのです。マクロコスモスの中で、人間の一分間の呼吸に相当するものを探すとしたら、それはどれくらいの期間になるでしょうか？ 一分間の呼吸は18年に相当するはずです。マクロコスモス存在によってもたらされる、18年間の呼吸です。

今日の天文学的データ――これが何を意味するかは後述します――を取り上げ、天文学者たちが地球の章動と呼んでいるものを見てみましょう。

地軸が黄道に対して傾いていることはご存じだと思いますが、天文学者は、地球が地軸を中心にして揺れ動くことを「章動」と呼んでいます。地軸は、およそ18年で一回転します。より正確には18年7ヶ月です。端数を考慮する必要はありませんが、正確に計算することもできます。しかし、この18年という歳月には別のものも関係しています。天文学者が「章動」と呼ぶこの地軸の震動、つまり地球を中心にして地軸が上下に円錐を描きながら回転する現象と同時に、他の現象も起こっているのです。月は毎年違う場所に現れます。太陽が黄道上を昇り沈みしながら、赤道から離れてはまた戻ってくる一種の振動運動をしているように、月もまたそうした動きをしているのです。18年前に現れた空の位置に、18年かけて戻ってきます。このように、地球の章動は天における月の動きと結びついています。章動は天における月の動きそのものなのです。つまりこの月の動きの投影に過ぎません。ここに我々は、マクロコスモスの呼吸を見出します。18年間の月の軌道の推移を観察したり、地球の章動を観察したりすればよいのです。地球はダンスしていて、そのダンスは地軸が18年かけて上下に描く二つの円錐に表現されます。このダンスはマクロコスモスの呼吸の反映なのです。人間の一日における一分間の呼吸回数が18回であるのと同様に、プラトン年における呼吸リズムに相当するのが18年なのです。

つまりこの章動の中には、（人間の）一分間の呼吸に相当するものが表れているわけです。我々はこの章動、つまり月の動きを通して、マクロコスモスの呼吸をのぞき込んでいると言えるでしょう。そこには呼吸に相当するものがあります。一体これは何を意味するのでしょうか？それは、ちょうど我々が眠りに移行するように、あるいは完全に目覚めた状態から夢に移行するように、つまりもう一つの世界に移行するように、この月の規則性の中に、マクロコスモスの呼吸として作用している何かがあるということです。それは日々の、あるいは毎年の、あるいはプラトン年ごとの通常の法則とは対照的なもので、たとえるならばそれは「半意識」が「完全に目覚めた意識」に対して持つ関係性のようなものです。つまり我々は単に目の前に広がる感覚世界を扱っているのではなく、その中へ突き出て、浸透しているもう一つの世界を扱っているのです。

ちょうど、人間有機体の中に、知覚中心の頭人間に対して呼吸を司るリズム人間という第二の要素があるように、年ごとの月の動きの中には、一つの呼吸が表れているのです。つまりそこではもう一つの世界が、我々の世界の中へと突き出ているのです。

ですから、我々の周りにはひとつの世界しかない、とは言えません。我々の周りには、感覚で認識できる世界があります。しかし、別の法則に基づく世界も存在します。その世界と我々の世界の関係は、呼吸と意識の関係のようなもので、月の動き、もしくはその表現である地球の章動を正しく解釈する方法を知れば、その世界は我々に姿を現すのです。

こうしたことから、世界に現れる法則を限定的な観点のみから見出すのは不可能だ、と理解できるでしょう。今日の唯物論的な思想家は、世界に単一の法則を求めますが、それは誤りです。むしろ次のように言うべきなのです。「感覚世界、それは確かに我々が組み込まれ属している世界であり、自然科学が原因と結果という観点から我々に説明する世界だ。しかし、その中へと突き出ている別の世界があり、その世界には別の法則が働いている。両方の世界は互いに浸透していて、どちらの世界にもそれぞれの法則がある」。この世界を説明する法則は一種類で十分である、すべては原因と結果の糸だけに操られている、という意見を持っている限り、人は恐ろしい間違いに陥ることになるのです。

地球の章動や月の動きなどから「この世界に突き出ているもう一つの世界がある」と認識で

きたとき、初めて人間はそれを受け入れることができます。

そしてこの部分で、霊的なものと物質的なものが、互いに接し合っているのです。自己の中に含まれているものを忠実に観察できる人は、次のようなことに気づきます。親愛なる皆さん、人類はこのようなことに徐々に気づいていかなければなりません。皆さんの中には、すでに18歳約7カ月の時点を過ぎている方がたくさんいらっしゃると思います。それは重要な時期でした。また、37歳2ヶ月を過ぎている方も一定数いらっしゃると思います。それもまた重要な時期でした。そして、55歳9ヶ月というのも非常に重要な時期です。現在の人間は適切な訓練を受けていないため、これらのタイミングをまだ正しく観察することができません。これらの時期を正しく観察することができれば、これらの時期にこそ、魂にとって最も重要なことが起こっていると気づくはずです。これらの時期の夜は、人間の人生の中で最も重要な夜なのです。その時点でマクロコスモスは18回の呼吸を終え、(人間にたとえると)一分間(の呼吸)を完結させ、その時人間は、言わば全く別の世界への窓を開けるのです。先ほど、今日の人間はその時期に気づくことができないと言いました。しかし、自分の人生におけるそれらの時期を振り返ってみることは誰にでもできます。55歳を超えている人なら、そうした重要な時点を三つ振り返ることができるでしょう。ある人は二つ、ほとんどの人がおそらく一つは振り返ることができるでしょう。これらの時点では、全く異なる世界から物事が我々の世界に流れ込んできます。我々の世界が、もう一つの世界に向けて開かれるのです。

我々の世界がこれらの時期にどのようにもう一つの世界へ開いていくのか、より正確に表現するならば、我々の世界はアストラル界に対して新たに開いていくと言わねばなりません。アストラルの流れは、入ってきては、出ていきます。確かにこれは毎年起こっている現象ですが、ここで見ているのは18年という単位で、それは一分間に18回生じる人間の呼吸に相当するのです。つまり、我々は宇宙時計を通じて、自分もその中にいる「マクロコスモス」の呼吸に気づくのです。月の動きで表現される、この「もう一つの世界との対応関係」は非常に重要です。なぜなら、我々の世界に突き出ているこのもう一つの世界は、我々の自我とアストラル体が、眠りにつく時に肉体とエーテル体を離れて入っていく、まさにその世界だからです。我々をとり巻く世界に、ただ抽象的にアストラル界が浸透してくるというのではありません。我々の世界はアストラル界を呼吸しており、その呼吸プロセスを、月の動き、つまり章動を通して見ることができるのです。ここで、我々は非常に重要なことに気づきます。一方には、通常観察できる我々の世界があり、他方には、物質主義的な迷信があります。例えば、空を見上げてそこにある太陽が、書物に書かれているように「ガスの球」であると考えるような迷信です。これはナンセンスです。ガスの球ではなく、そこには空間よりも空虚なものがあります。太陽は空間よりも空虚な吸引体であり、そのすぐ周りには一定の圧力が生じています。ですから太陽からやって来るものは、太陽における燃焼の産物などではなく、太陽は、最初に宇宙から放射され太陽に送られたものを、我々に放射し返しているのです。

太陽があるところは、空っぽよりもさらに空虚です。しかし宇宙において、エーテルが存在する場所はどこでも、空っぽよりさらに空虚なのです。物理学者がエーテルについて語るのが難しいのはそのためです。彼らは常に、エーテルも物質であり、普通の物質よりも希薄なだけだと考えるからです。自然科学的唯物主義も神智学的唯物主義も、唯物主義は未だにそのような考え方を受け入れています。密度の高い物質があり、エーテル物質はそれが希薄化したもので、アストラル物質はそれがさらに希薄化したもので、精神的なものもまた、さらに希薄化した物質である……。すべてのものを、そうやってどんどん希薄化した物質として捉えるのです。

自然科学的唯物主義も神智学的唯物主義も、同じようにこの希薄化という考え方をとっていますが、一方が他方よりも多くのものに希薄化の理論を当てはめているだけです。しかし、通常の質量ある物質からエーテルへの移行においては、希薄化という考え方は全く当てはまりません。皆さんの魂の前に、次のようなイメージを提示したいと思います。「エーテルは物質が希薄化したものだ」と信じる人は、次のように言うのと同じなのです。「ここにお金の詰まった財布がある。そこからお金を取り去っていくと、お金はどんどん少なくなる。ついにはお金がゼロになり、それでおしまいなのだ」と。しかし、そうではありません。借金をしていくと、さらに少なくなり得ます。つまりゼロより少なくなるのです。同様に、物質は空っぽの空間になるだけではなく、マイナスになり、無より少なくなり、吸着力を持つようになります。エーテルは吸い込むのです。物質は圧力をかけ、エーテルは吸い込みます。太陽は吸い込む球体なのです。そして、エーテルがあるところには常に、吸引力があるのです。

ここで我々は三次元空間のもう一つの側面である「押すことから吸うことへ」という観点に踏み入ります。この世界で最初に我々を取り囲むもの、つまり我々の構成体である肉体とエーテル体は、この「押すもの」と「吸うもの」なのです。我々自身もまた「押すもの」と「吸うもの」

から成っているということです。我々は「押すもの」と「吸うもの」の混合物ですが、太陽は純粋に「吸うもの」であり、純粋に「エーテル」です。しかし生体の中には、この「押すもの」と「吸うもの」の渦が、つまり質量ある物質とエーテルの渦が存在します。生体は絶えず呼吸しており、その呼吸は月の動き、つまり章動を通して表現されます。それは絶えずアストラル界を呼吸しているのです。ですからそこでも、世界を構成する2つの要素を感じとることができます。一つ目は「押すこと」と「吸うこと」、つまり肉体とエーテル界です。二つ目はアストラル界です。アストラル界は物質的でもなく、エーテル的でもなく、吸われたり吐かれたりしていて、「章動」はそのプロセスを示しているのです。

さて、古代において観測されていた、ある天文学的事実があります。我々の時代の何千年も前にエジプト人たちは「恒星は72年経つと、見かけ上、太陽の位置から一日分前にずれる」ということを知っていました。一見すると、恒星も太陽も回転しているように見えますね。しかし、太陽は恒星よりもずっとゆっくり回転しており、72年後には恒星はすでに少し先を行っているのです。春分点がずれていくのは、恒星が先を行くからです。春分点がどんどん移動しているということは、太陽の位置に対する恒星の位置が移動しているということです。72年経った時、恒星は太陽よりも一日分進んでいるのです。例えば、72年後の12月30日の終わりに恒星がある地点に達しているとすると、太陽が同じ地点にたどり着くのは12月31日の終わりということになります。つまり一日分遅れるのです。25920年後には天を一周するほど遅れて、再び最初の地点に戻ってきます。つまり72年経つと、太陽は恒星に一日遅れをとります。この72年、25920日というのは、人間のおおよその標準寿命です。

この72年に360を掛けると、つまり人間の一生を一日とみなし、太陽が天球を一周する期間を宇宙の一年——360日——とみなすと、人間の一生はマクロコスモスの一日に相当することになります。人間の一生は言わば、マクロコスモスから吐き出された呼気であり、マクロコスモス年——大宇宙年——のうちの一日なのです。

我々の時代の何千年も前にエジプト人たちは、見かけ上、この春分点が天球を一周することに注目していました。彼らは72年という期間を非常に重要だと感じ、この「マクロコスモス年(大宇宙年)」に注目したのです。春分点の移動には「宇宙における人間の生と死」、つまり「マクロコスモスの生と死」に関係する何かが指し示されています。人間の生と死に関する法則は、我々が従わなければならないものです。我々の感覚世界が呼吸の世界を指し示しているように、章動もまた、我々に別の世界を指し示しています。

そして、現在の天文学で歳差運動と呼ばれているもの、つまり春分点の移動は、完全な眠りへの移行、つまり第三の世界への移行のようなものです。この第三の世界を我々の世界に突き出ているもう一つ別の世界として描く必要があります。これら三つの世界は相互に浸透し、相互に関連し合っていますが、この三つを単純に因果関係で説明することはできません。この三つの世界は、三つの構成体からなる人間のように、三層構造をなしています。第一の世界は、我々を取り囲む世界、我々が知覚する世界で、第二の世界は、月の動きによってその存在を示す世界、第三の世界は、太陽が昇る地点の動きによって、つまり太陽の通り道によってその存在を示す世界です。そこに我々は第三の世界を見ていますが、この第三の世界は、我々の意志の世界が我々の通常の意識にとって未知であるのと同様に、我々にとって未知のままなのです。

このように、ミクロコスモスである人間とマクロコスモスのこうした対応関係を、あらゆるところに見出そうとすることが大切です。今日の東洋で、呼吸を意識化する努力がなされているとしたら、それは、かつて栄えた古い東洋の知恵の退廃した名残でしかないとしても、このもう一つの世界に入り込みたいという要求の現れなのです。そのもう一つの世界は、月が我々の世界で望むものを通してしか、その存在を示さないのです。しかし他の対応関係についても、原初の叡智がまだ存在していた時代には、こうした内なる法則性を指摘することができました。それは、今日我々が求めるべき叡智とは別の方法で、人間にもたらされた叡智でした。

旧約聖書では、これらの事柄に精通していた秘儀参入者《イニシエート》たちは、常にあるイメージを使用しました。すなわち、太陽の光に対する月の光のイメージです。これは、ある意味で福音書の中にも見出すことができる、と以前にも申し上げました。

月の光は、ある意味で太陽光を反射したものにすぎない、と思われています。私は今、物理学の意味で話しているのですが、こうした表現が実に不正確であることを話さなければならないでしょう。旧約聖書において、月光はヤハウェの力を表していました。ヤハウェの力は反射された力としてイメージされ、——旧約聖書の正統派ラビたちではなく——イニシエートたちは次のように言いました。「メシアであるキリストが現れ、彼は直接の太陽の光になるであろう。ヤハウェは先行する反射にすぎない。ヤハウェも太陽の光だが、直接の太陽の光ではない」と。もちろんここでは、物理的な太陽の光についてではなく、霊的なものについて考えています。

それまで反射としてしか、つまりヤハウェを通して間接的にしか存在しなかったキリストが、人類の進化に入り込んだのです。ですからまずは、イエスのうちに生きていたキリストのことを、通常の自然科学に属する法則とは異なる法則に従って考える必要があります。もしそのような法則を受け入れないのであれば、つまり、もし世界が因果の法則のみによって成り立っている原因と結果の世界だと信じるのであれば、キリストの居場所はないのです。我々はまず、相互に連結した三つの世界を考えることによって、キリストの居場所を用意しなければなりません。そうすると、「この感覚の世界では、自然科学が考える原因と結果の法則によってすべてが関連しているかもしれないが、この世界には別の世界が浸透しており、その別の世界に、ゴルゴダの秘儀に関連するあらゆる出来事は属しているのである」と、このように言える可能性が生じます。

こうしたことを理解したいという願望が、我々の時代にますます高まるとすれば、その理解は、相互に依存しながらも、互いに全く異なる三つの世界を認識することによって得られます。つまり一種類の法則性だけでなく、三種類の法則性を見出す必要があるのです。そしてそれらの法則性を、人間自身の中に見出さなければなりません。

しかし、今述べたことをよく考えれば、コペルニクスやガリレオの宇宙体系のように、土星、木星、火星、地球、金星、水星、太陽の軌道を表すとされるいくつもの楕円を描くだけではいけないことがわかるでしょう。それは、我々の感覚を通して自らを示す第一の世界の法則性です。その第一の世界の法則性に、他の世界の法則性が介入していると考えなければなりません。特に現在の月は、その動きにおいて、惑星系の他の部分とは全く因果関係のないものを示しているのです。月はこの惑星系に、他の惑星たちのようには属していません。月が指し示すのは、我々の世界に挿入された別の世界です。月は我々の世界の呼吸プロセスを示しています。太陽がエーテルの浸透を示しているように。

したがって、天文学に携わる前にまず、宇宙で動いているもの、宇宙で相互依存しているものについて、質的な意味で学ぶ必要があります。というのは、太陽の物質とその他の物質、例えば地球の物質とを単純に関係づけることは決してできないからです。地球物質に比べて太陽物質は「吸う」ものであり、地球物質は「押す」ものなのです。また、章動に表れている動きは、ニュートンの法則によって説明できるものではなく、アストラル界から来る動きなのです。このニュートン主義こそ、我々をここまでひどく唯物論に陥らせたものであり、それはニュートン主義が最大限の抽象化を行ってしまったからです。ニュートン主義は引力について語ります。太陽が地球を引きつけ、地球が月を引きつけるのだ、と。月から地球に、あるいは地球から太陽に作用している引力があり、それは目に見えないロープのようなものだと言います。しかし、もしこの引力だけが存在するならば、月が地球の周りを回ったり、地球が太陽の周りを回ったりすることはなく、月は地球に落ちてくるはずですし——引力だけが働いていたなら、とっくに落ちているはずです——、地球は太陽に落ちているはずです。ですから、天体の想像上の運行や実際の運行を説明するのに、重力だけを想定するのは無理があるのです。では、どうなっているのでしょうか？ ここに一つの惑星があるとしましょう。この惑星は、引力だけが働いていれば、絶えず太陽に落ちようとします。しかしこの惑星には接線方向から来る力、強力に押す力も作用しています。この押す力は非常に強く、引力の力も非常に強い。そうすると、その惑星は太陽の上に落ちることなく、両方の力から生じる力の線に沿って動くのです。

ニュートン主義が成立するためには、あらゆる惑星、あらゆる天体について、原初のひと押しがあったと想定する必要があります。接線方向に押して力を加える、この世のものではない神の存在を常に想定しなければなりません。今日ニュートン主義はどこでも前提とされていまます。しかしこの思い込みは、人々が霊的なものと物質的なものとをどう結びつけるか、全くわからなくなってしまった時代、非常に極端な衝動にとらわれていた時代に形成されたものです。

これは、唯物論が物質を理解できないことを示しています。この点については、最近頻繁に指摘してまいりました。したがって、唯物論は物質の動きを理解することができず、その運動について擬人的な説明をせざるを得ません。神を人間的なものとして捉え、月を押し、地球を押すと想定するのです。そして月と地球が互いに引き合い、この「押す力」と「引き合う力」から動きが生じる、というように。

これらが、今日の我々の見解です。我々は、こうしたことに基づいて宇宙モデルを構築しています。しかし、宇宙を理解するためには、人間の中に生きているものと、マクロコスモスの中に生きているものとのつながりを、あらゆるところに見出すことが必要です。人間は実際、マクロコスモスの中のミクロコスモスなのですから。

（了）

訳者 付記 2

この講義に出てくる〝18年7ヵ月の月の周期〟について、シュタイナーが別の講義で語った内容も訳出しておきます。

「毎年の終わり、あるいは〝18年の月の周期〟の終わり、あるいは他の周期の終わり、といったそうした聖なる時期は、人間的な知性と神的な知性との差異や境界を示していました。秘儀の神官たちは、そうした時期に神が人間への道を見つけ、人間が神への道を見つけることができると知っていました。

そのような時期に、古代の神官たちは物質の中に太陽と月の効力を取り込みました。そしてその物質で人間を聖別する儀式を行いました。そうすることで、聖なる時に受け取った力を、儀式を行う他の時期にまで広げたのです。彼らは、聖なる時期に神々が地上の物質と力から作り出したものを保存しました。その時期の水や水銀を保存し、それを使うことで一年の残りの期間にも〝聖変化[49]〟をもたらすような形で人間を聖別する儀式を行うことができるようにしたのです[50]」

訳者 コラム 2

この本の三つ目の講義では27歳という年齢について、四つ目の講義ではそれにとても近い28・29歳という年齢について語られています。この二つの違いを見ていきましょう。

27歳（27年目とされているので厳密には26歳～27歳を指すのかもしれません）という年齢は、現代にのみ適用されるものです。シュタイナーの時代区分によると、今はアトランティス時代後の第五文化期（１４１３～３５７３）にあたりますが、この２１６０年間を７で割った３０８～３０９年ごとに、発達終了年齢が下がっていくということになります。つまり、以下のようになります。

１４１３～１７２２年　28歳
１７２２～２０３０年　27歳
２０３０～２３３９年　26歳
２３３９～２６４７年　25歳
２６４７～２９５６年　24歳

2956～3264年　23歳
3264～3573年　22歳

これに対し、二つ目の講義の28・29歳については、その背景が語られていないので断言はできませんが、本書に収めた最初の講義〝人生の七年周期と土星の関係〟にその根拠があるように思えるのです。その中で、シュタイナーは次のように言っています。

「多くの人の場合28歳頃、魂に何かが起こることがわかるでしょう。四つの七年期を経て、何か重要なことが終わりを迎えるのです。7年×4は、28年……厳密に正確な数字ではないものの、これは土星のおおよその公転周期です」

これがシュタイナーの言うゼロポイントではないか？　というのが私の個人的な考えです。土星の公転周期は時代ごとに変わるわけではないので、どの時代にも人生の28・29年目辺りに決定的な時点がある、ということになります。シュタイナーがゼロポイントについて語った講義はこの本に収めた一回のみということなので、この二つが同じことなのかどうか、その真偽はわかりません。

しかし、もしそうであればこのゼロポイントは占星術でいうサターン・リターン（土星回帰）のことだと思い至ります。サターン・リターンとは、土星が公転周期ごとに自分の誕生時の位置に戻ってくることを指し、占星術において「乗り越えるべき課題に直面する時期」とされています。

27歳と28・29歳に加え、この本の最後の講義では18年7ヵ月ごとにやってくるリズムについても語られます。「我々の世界が、もう一つの世界に向けて開かれる」とシュタイナーが言うこれらの時点は〝ムーンノード（月の交点）〟とも呼ばれます。それは、太陽と月と地球の位置関係が、自分が生まれた瞬間と同じになる時点です。この月の交点は、占星術ではホロスコープ上のドラゴンヘッド・ドラゴンテイルとして表されます。

18歳7ヵ月、37歳2ヵ月、55歳9ヵ月、といったこれらの時期には、生まれてくる時に携えてきた今回の人生の〝意図〟を思い出すような出来事が起こったり、その意図への新たな衝動を感じたりすると言います。ちなみにこのムーンノードは、前後に半年以上の幅を持たせてとらえてよいそうです。18～19歳の時期には、進学や就職で人生の新たな局面を迎える人が多いと思いますが、次のムーンノードである37歳頃にも、新たな方向へ踏み出す人、人生の方向修正をする人が多いのではないでしょうか？ もしかしたら無意識の内に、あるいは人によっては意識的に「別の世界」から流れ込んでくるものを感じとっているのかもしれません。

人生の転機には、常に「試練」と「チャンス」という側面がありますが、ジャズ・ミュージシャンのマイルス・デイヴィスは次のように言いました。

"If you hit a wrong note, it's the next note that you play that determines if it's good or bad."（間違った音を出してしまった時、その音を活かすも殺すも次に出す音次第だ）

失敗さえも、私たちは味わい深い即興演奏に変えることができるのです。

必然性と自由

人類の秘儀の歴史の一部としての復活祭 第2講(前半)

Mysterienstätten des Mittelalters Rosenkreuzertum
und modernes Einweihungsprinzip
Das Osterfest als ein Stück Mysteriengeschichte der Menschheit
ZWEITER VORTRAG GA233a

ドルナッハ 1924年4月20日

祝祭の本来の目的は、「地上的なものを拠り所にすることから、地球外のものを拠り所にすることへと、人々の目を上方に向けさせること」にあると言えます。特にイースター（復活祭）の祝祭は、人にそのような思いを起こさせるものです。この3~5世紀の間に、我々は文明社会の中で精神的発達を遂げ、結果として宇宙的なエネルギーや諸力と自分たちとのつながりを見出すことから遠ざかる一方です。人間はますます、地上のエネルギーや諸力との関係だけを考えるようになったのです。今日、正当なものとして認められている認識手段では、その他の関係性が全く考慮できないということも事実です。しかし、もしキリスト教以前の時代、あるいはキリスト教初期の数世紀の間に秘儀の場に関わっていた人が、現代の知識を経験することができたとしたら、そして当時の魂の状態で物事に向かったとしたら、地球外のもの、つまり宇宙とのつながりを意識せずにどうやって人間が生きていけるのか、全く理解できないことでしょう。

まず、様々な講義シリーズでより詳しく説明してきたことを、いくつか概説したいと思います。今回の講義はイースターの思想に近づくためのものですから、もちろんすべてを詳しく説明することはできませんが、示唆することはできます。

さまざまな古い宗教制度をさかのぼると、現代人に最も近しい宗教制度であるヘブライ・ユダヤ教を例に挙げることができます。こうした古代の宗教体系が一神教である場合、唯一神への崇拝が見られます。この神こそ、キリスト教の概念で神々の第一人者、「父なる神」として語られている神です。

さて、この「父なる神」の思想が生きていたすべての宗教には、この「父なる神」と宇宙の月の諸力、つまり月から地球に放射されるすべての諸力とのつながりが多かれ少なかれ存在しており、それは秘儀の司祭たちの間では完全に知られていたことでした。

今日、人間と月の諸力とのつながりに関するこの古い意識は、詩的な人が月の諸力を通して想像力の中に受けとる刺激と、医学において胎児の月齢を10カ月数えること以外は、ほとんど残っていません。しかし古い世界観においては、人間が霊的な魂として霊界から肉体に降り立つ際に、月を通り、月から発せられる衝動に貫かれたという事実が明確に意識されていました。人間は、自分を生命として形成するもの、栄養や呼吸などのプロセスとして自分の内に存在するもの、また一般に成長の力として自分の内に存在するものを見る際に、地上的な諸力に目を向けるのではなく、地球外の諸力に目を向けなければならないのです。地上的な諸力に目を向けると、そうした地上的諸力が自分にどのように関係しているかは意識できます。しかし、もし我々の身体が地球外の諸力によって一つに形成されていなければ、つまりまさにこのような形態を与えられていなかったならば、地上の諸力は我々の身体をこのような形に結合できたでしょうか？

地球外の諸力がこの身体から抜け出たとたん、身体は地上の諸力にさらされます。すると身体は腐敗し、分解され、死体になるのです。地上の諸力は人間を死体にするだけで、人間を形成することはできません。人間の中にあるこれらの地球外の諸力は、人間を地上的なものから引き上げ、誕生から死までの間、人間を地上において一貫した有機的形態となるようにし、人間が「死の力」の餌食となって破壊されないようにし、人間に、地上での生涯を通じてこの破壊プロセスと戦う力を与えます。なぜなら人間はそうした破壊プロセスと戦わなければならないからです。そしてこれらは月の力の影響のおかげなのです。

月の諸力が人体を形成する力を持つ、と理論的に述べることができる一方、他方では古代宗教が、人間を誕生時に肉体存在へと導くこうした諸力を「父なる神の力」としていかに崇めていたかを理解する必要があります。古代ヘブライ主義の秘儀参入者《イニシエート》たちの間では、人間を地上存在へと導き、地上において支え続け、死の門をくぐるときに肉体としての人間をそこから引き離す諸力が、月から放射されていることが明確に意識されていました。

こうした神聖な父なる諸力を心から愛し、父なる諸力に目を向け、教団や祈りにおいてそうした実践をすることが、古代の特定の一神教の内容でした。これらの古代の一神教は、人々が考える以上に一貫したものでした。このような事柄は、歴史では全く誤って伝えられています。歴史は外的な文書だけに依存しており、霊的な視覚で観察されたものではないからです。

しかしこのような、月を見てそこに存在する霊的存在を仰ぎ見ていたような宗教は、実はより後の時代の宗教なのです。ごく初期のものは、このような月に対する見方に加え、太陽の諸力、さらにはここで言及しなければなりませんが、土星の諸力についてもはっきりとした認識を持っていたのです。

ここで我々は、もはや外的な文書が存在しない時代の歴史観察に入りますが、それはキリスト教の創始から何千年も前にさかのぼった時代です。私が著書『神秘学概論』の中で古インド期[51]★と呼んだ時代――後にインドとなる場所で文明が発達したという理由からの命名です――及びそれに続く古ペルシャ期[52]★です。これらの文明において、人間の発達は後のものとは全く異なっており、彼らの宗教的信条はこの発達に依存していました。ここ2000年以上にわたり、我々は、地上における人間の発達には「裂け目」があることを意識せずに、本当に気づかずに発達しています。それはほとんど気づけないようなものなのです。現代人にとって、30歳前後に起こることは、ほとんどの場合、潜在意識、無意識の内に留まります。キリスト教創始の8～9000年前の人類は、現代人とは全く異なっていました。その古い時代には、30歳くらいまでは人間は連続的に発達していました。しかし30歳頃、人間に大きな変容が起こります。この変容をかなり過激に表現してみたいと思います。もちろん、いささか過激な表現にはなりますが、それでもこれは、我々に関係する事実を示しているのです。こうした古い時代には、次のようなことが起こり得ました。

ある人が、30歳になる前に、自分よりずっと若い人、おそらく三つか四つ下の人と知り合いになっていました。そして30歳頃に変容します。変容の後、長い間会っていなかったこの二人が出合います。今日の言葉で説明すると、より過激に聞こえてしまうのですが、30歳になって変容した人が相手に声をかけられて、相手が誰だかわからない、ということが起こり得るのです。それくらい、彼の記憶は徹底的に変化していたのです。そして、この最も古い時代には、秘儀の学校に関連した機関があり、その機関に、当時存在していた小さなコミュニティーの若者たちの人生が登録されていました。なぜならば、彼らは人生において大きな変化を遂げたために、30年目までの地上生活で経験したことを忘れてしまっており、自身が30年目までに何を経験していたのかを学びなおさなければならなかったからです。彼らは、「自分は30年目にして全く別人になった、それまで経験したことを学びなおすために登録所に行かなければならない」と気づきました。もちろんこれは現代的な表現です。同時に、彼らはその時受けた教えによって、30歳以前はもっぱら月の諸力が働いていたこと、30歳になると太陽の諸力が地上における人間の発達に関わってくること、そして太陽の諸力は月の諸力とは全く異なる意味で人間に働きかけることを認識しました。現代人は太陽の諸力について何を知っているでしょうか！知っているのは、外的な物理的側面だけです。太陽の諸力によって汗をかくこと、暖かくなること、日光浴などができること、治療的なことなどは知っていますが、ごく外的な側面だけです。太陽と霊的に結びついたこれらの諸力が、自分に何をもたらすかは知らないのです。

異教徒の最後の皇帝である背教者ユリアヌスは、秘儀の余韻の中でこうした太陽の諸力のいくつかを体験しました。そして、それをあらためて主張しようとしたため、ペルシャに向かう遠征の途中で殺害されてしまいました。このように、キリスト教の初期の数世紀には、これらの知識を消滅させようとする勢力が強かったのです。

したがって、今日これらの知識を得ることができないのは当然です。月の諸力は、人間の中において人間を規定し、内なる必然性を浸透させ、人間を本能、気質、感情、肉体やエーテル体の性質全体に応じて行動させようとしますが、霊的な太陽の諸力は、人間をこの必然性から解放するのです。いわば、人間の中のこの必然性の力を溶かすので、人間は太陽の諸力によって実際に自由な存在となります。古代の人間の成長において、この二つの諸力は厳密に分かれていました。人生の30年目に人間は太陽人、自由人になったのです。30歳までは月人であり、自由のない人間でした。今日、この二つは混ざり合っています。今日では、太陽の諸力は幼年期にすでに月の諸力と並行して働いており、月の諸力は晩年にも働き続けているので、必然性と自由は混ざりあって作用しています。しかし、昔はそうではありませんでした。私が話している先史時代には、人間の人生における月の諸力と太陽の諸力の作用は厳密に分かれていました。ですから、そうした古い時代には、人間が人生の30年目にこの変容を経験しないと、何か病的である、異常であるとほとんどの人が言ったのです。そして人間の進化が進み、この第二の、太陽の誕生がもはやそれほど気づかれなくなった時点で、ある種の訓練、ある種の礼拝行為、ある種の事実が、秘儀に参入した人々に適用されました。彼らは、一般的な人類にはもはや経験できなくなったことを経験しました。彼らは「二度生まれた者」となったのです。

今日、東洋の書物の中に「二度生まれた者」という表現があるとすれば、その表現はこの事実から派生したものです。基本的に、私はすべての東洋学者、すべてのサンスクリット学者——我々の友人であるベック教授もここにいらっしゃると思いますので、専門的に研究した後でも、そのようなことがあるかどうか聞いてみてください——に尋ねたいのですが、今日の東洋研究から「二度生まれた者」という表現の意味を、その実態に従って明確かつ簡潔な言葉で説明することは可能なのでしょうか? 確かに形式的な説明はあふれていますが、それが実質的に何を意味するのかは知られていません。それは、私が今説明したような、はるか過去の現実を知った人だけが理解できることなのです。これらのことについては、霊的観察がすでに説明しています。そして霊的観察が説明するとき、資料による外的な科学をかき集めることができるすべての人にお聞きしたいのです。もしあなたが、外的な科学を材料にして公平な態度で研究を行うならば、この外的な科学は、少しずつ精神科学的研究を承認していくのではないか、とお尋ねしたいのです。物事を正しい光のもとに見ることができれば、そうなるでしょう。ともあれ、先史時代の一定の事柄にも注意を払わなければなりません。なぜなら、資料に頼る科学では、人間の人生を理解することはできないからです。

人間の「月の誕生」のことが、父なる神による人間の創造として語られていた古い時代に目を向けましょう。「太陽の誕生」については、太陽の霊光の中に「御子キリスト」の力が働き、この力こそが人間を解放する力である、と明確に理解されていました。皆さんは、この太陽の力が何をもたらすとお考えになりますか？　太陽の力は、我々人間がこの地上で、自分たちから何かを生み出すことを可能にするのです。もし太陽のこの解放する力、必然性を溶かす衝動が我々のもとにやってこなければ、我々は変化することができず、運命的な必然性ではなく、自然の必然性に厳格に規定されていたことでしょう。

古い時代の世界観を持った人間は太陽を見上げる際、以下のことを知っていました。

この世界の眼から、キリストの力が輝き出ている。そしてこの世界の眼は、私の発達に関して、私が月の諸力から生まれることで生じた鉄のような必然性に、生涯ずっと従い続けなくてもすむようにしてくれる。宇宙にある太陽の眼を通して下を見ているこの太陽の諸力、つまりキリストの力は、私が地上生活の間に、内なる自由を通して自分自身で何かを行うことを可能にする。それは、この地上に生まれて以来、月の諸力を通してはできなかったことなのだ。

こうした、自分自身を変えることができる、自分自身から何かを生み出すことができる、という意識を、人々は太陽の諸力の中に見たのです。

ここで、補足説明として、土星もまた第三の諸力として理解されていたことを付け加えたいと思います。人々は土星の諸力の中に、死の門をくぐるとき、つまり地上における第三の変容の時に、人間を支えるすべてを見たのです。

第一の誕生：月の誕生
第二の誕生：太陽の誕生
第三の誕生：土星の誕生、あるいは地上における死、という意味

死ぬ際に人間は、地球を含む惑星系の、当時一番外側にあるとされていた土星の諸力によって支えられました。これらの諸力は、この第三の変容が起こる際に人間をしっかり支え、精神世界へ送り出し、人間存在に一貫性を持たせました。古代の人々は確かにこうした世界観を持っていたのです。

しかし、人類の進化は続いていきます。太陽の諸力が人間にどのような影響を与えるかについては、秘儀の中でしか知られない時代がやってきました。太陽の諸力に関する知識は、秘儀の医療従事者の間で最も長く保存されていました。というのも、通常の発達において人間に自由を与えるこれらの力、自分自身から何かを生み出す可能性を与える力、つまり太陽の諸力、キリストの力は、いろんな意味で地上の特定の植物や他の地上存在たちの中にも生きており、それらが治療薬となるからです。

一般的に、人類は太陽とのつながりを失ってしまいました。長い間、人間は月の諸力、父なる力に依存しているという意識は保ち続けていましたが、はるか以前に、太陽の諸力――実際それを「解放してくれる力」と言うべきなのですが――に依存しているという意識は失われました。そして今日、我々が自然の力と呼んでいるもの、我々の世界観のほとんどすべてを占めているものは、月の諸力が完全に抽象化されたものに過ぎないのです。しかし、キリストの担い手であるナザレのイエスは、まだ太陽の諸力を認識しており、それによって導かれることができたのです。彼は、古い秘儀において、地上に降り注ぐ太陽を見上げることによってのみ獲得できたこの太陽の諸力を、自分の身体に受けいれるように運命づけられていたからです。このことは昨日説明しました。キリスト教の始まりにおけるキリスト論の本質は、まさにこの点にありました。生まれてから30年目に、ナザレのイエスの身体に変容が起こりました。そして30歳で起こる変容というのは、太古の時代にはすべての人間に起こっていた現象でした。ただナザレのイエスの場合は、その瞬間に、いわば霊的太陽の輝きが人類すべての中に降りてきて、太陽の始原的存在であるキリスト自身が、人類の進化プロセスの中に入り込み、ナザレのイエスの身体に宿ったということです。これこそが、地上の全生命にとって根源的な出来事である、ゴルゴダの秘儀の根底にあるものです。

（了）

人間の構成要素の発達

人間の性格

Der menschliche Charakter GA58

ミュンヘン 1910年3月14日

ゲーテがシラーの頭蓋骨を観照して書きとめた言葉は、人間の魂に深い印象を与えます。ゲーテがこのような観察を行えたのは、シラーの遺体が仮埋葬されていた墓からワイマール王家の墓に移される際、その発掘に立ち会ったからです。ゲーテはシラーの頭蓋骨を手に取り、この素晴らしい構造物の形と刻印の中に、シラーの精神の本質すべてを見てとることができると思ったのです。精神的な本質が、自らを物質の線や形の中に表現する様子に感銘を受け、ゲーテは次のような非常に美しい言葉を書き記しました。

「人生において、神性が自身を開示する、これ以上の贈り物があろうか？ここには、神性がいかに固体を精神に溶け込ませ、精神が生みだしたものをいかに堅固に保存するかが現れている！」

そのときゲーテの魂をよぎった気分を理解できる人なら誰でも、そこから進んで、人生において内なる何かが自らを外へ、つまり物質的な形、造形的デザインや線へと開示していくあらゆる現象に、たやすく思考を向けられるでしょう。

我々は「人間の性格」と呼ばれるものの中に、そのような内なるものの組成と刻印、つまり内なる存在の開示の、最も顕著な例を見出します。人間の性格には、人間が繰り返し生きているということが、最も多様な形で表現されています。我々は人間の性格を、一貫性をもったものと考えています。性格を人間全体と切り離せないものであると感じていて、ある人の思考、感情、行動が何らかの形で調和していなければ、何かが間違っているという感覚を持ちます。我々は、人間の中の断絶、つまり性格の断絶を、その人の本質の欠陥として語ります。ある人が、私生活においてはあれやこれやの原理や理想を掲げながらも、公の場では全く反対の、あるいは少なくともそこから外れた表現をするとき、我々は、その人がバラバラになっている、その人の性格に断絶がある、と考えます。そしてそのような断絶が、その人を困難な人生の状況に追い込む可能性がある、人生を難破させる可能性さえある、ということを知っています。ゲーテは『ファウスト』の中で、このような人間の中の断絶が何を意味するのかを、注目すべき名句で示しました。この名句は「ゲーテが内奥で何を望んでいたかを分かっている」と信じている人たちからも、非常に頻繁に、間違った解釈とともに引用されます。ゲーテの『ファウスト』の中に出てくる以下の名句のことです。

二つの魂が、ああ、私の胸に住んでいる
そして互いに他方から離れたがっている
一方は、粗野な愛欲にかられ
貪欲な感覚器官でこの世にしがみつく
もう一方は、塵を振り払い
先人たちの高みへ昇ろうとする。

〔ゲーテ『ファウスト』より〕

この魂の二律背反を、人間にとって望ましいことであるかのように引用する例が非常に多く見られます。しかし、ゲーテは必ずしもこれを努力に値するものとはみなしていませんでした。それどころか、一方は理想の高みへ、もう一方は地上的なものへと向かう二つの衝動のもとで、どれほどの不幸を感じているかを、この時期のファウストに語らせたいと思っていたのが明らかです。ファウストが克服しなければならない魂の不満足な状態、それがゲーテの描いたものなのです。この魂の不和を、人間にとって正当化できるものとして引用するのではなく、まさにその二つを統合することで克服すべきものとしてのみ、引用するべきなのです。

「人間の性格の本質」を魂の前に据えたいのであれば、以前「献身」の本質について概説したことを再び考えてみる必要があります。つまり、我々が人間の魂の生活、人間の内面生活と呼んでいるものは、単に感情、衝動、意図、情熱、理想が混じり合ったカオスではなく、人間の魂は三つの異なる構成要素に厳密に区分できることを、明らかにしておく必要があるのです。その三つとは、魂の一番下位の構成要素である「感覚魂」、中位の構成要素である「悟性魂」、上位の構成要素である「意識魂」です。これら三つの構成要素は、人間の魂の生活において区別されるべきものです。しかし、それらがバラバラになってはいけません。人間の魂は統合されていなければならないのです。人間において、この三つの魂の構成要素を統合するものは何でしょうか？　それこそが、真の意味での「私」、つまり人間の自意識の担い手である自我なのです。人間の魂は、三つの構成要素、すなわち一番下位の構成要素である「感覚魂」、中位の構成要素である「悟性魂」、上位の構成要素である「意識魂」として現れ、それらを「私（自我）」はいわば主体として、まるで人間が楽器の弦を弾くように、魂の中でそれら三つの構成要素を演奏するのです。そして「私」が三つの魂の構成要素の相互作用を通して生み出す調和や不調和が、人間の性格の根底にあるものなのです。

自我は実に内なる音楽家のようなもので、あるときは感覚魂、あるときは悟性魂、あるときは意識魂を強力なストロークで活動させますが、それらが一緒に鳴り響くと、三つの魂の構成要素が奏でる音は、調和を生んだり不調和を生んだりします。そうした調和や不調和が、人間から性格の基盤として立ち現れるのです。

確かに、これは性格についてのかなり抽象的な説明に過ぎません。人間の中に実際に現れる性格を理解しようとするならば、人間の生活と人間存在全体にもう少し深く立ち入る必要があります。自我が魂の構成要素と奏でる調和的演奏や不調和な演奏が、人間の性格全体にどのように現れるかを示す必要があるでしょう。我々の目の前に立つ人間の性格として、外的にどのように現れるのかを。

人間の生活は、我々がしばしば強調してきたように、起きている状態と眠っている状態を毎日交互に繰り返します。人間が夜眠りにつくと、感覚、欲望、悲しみ、喜び、痛み、あらゆる本能、情熱、あらゆる観念や認識、意図や理想が無限の暗闇に沈み込み、その人の内面は無意識または潜在意識の状態へと移行します。そこでは何が起こっているのでしょうか？

我々が眠りに落ちたあとのことについては、以前説明したことを思い出して頂ければと思います。精神科学によると、人間は複雑な存在であり、さまざまな構成体から成っています。人間の根底にある性格の全容を理解するために、我々が知っていることをここであらためて概説しましょう。

人間の構成体のうち、外的な感覚世界の中に現れているもの、つまり目で見ることができ、手でつかむことができ、外的な科学だけに観察可能なもの、それを精神科学は人間の肉体と呼びます。そして、この肉体に浸透してその中で織りなすもの、誕生から死までの間に肉体が物理的・化学的諸力に屈服して死体と化すのを防いでいるもの、それが精神科学で言うところのエーテル体（生命体）です。基本的に、人間は外的に肉体とエーテル体から構成されています。そして、人間の第三の構成体があります。これは、眠りに落ちる際に、無限の暗闇の中に沈んでいくあらゆるものの担い手です。この人間の第三の構成体はアストラル体と呼ばれます。アストラル体は、快楽と苦痛、喜びと苦しみ、衝動、欲望、情熱、そして目覚めている生活の中で魂の中に去来するあらゆるものの担い手です。このアストラル体の中に、我々の存在の核である自我があります。しかし普通の人間の場合、このアストラル体はさらに細分化されており、その中に、これまで魂の構成要素として挙げてきた、感覚魂、悟性魂、意識魂といったものが、いわば階層として存在しているのです。

夜、人間が眠りにつくと、肉体とエーテル体はベッドに留まりますが、アストラル体は感覚魂、悟性魂、意識魂と我々が呼ぶものを伴って出ていきます。アストラル体と自我は、その存在すべてにおいて、睡眠中は霊界にいるのです。なぜ人間は毎晩霊界に入るのでしょうか？なぜ毎晩、肉体とエーテル体を置き去りにしなければならないのでしょうか？それには理由があります。次のように考えれば、その理由を我々の魂の前に置くことができるでしょう。精神科学によると、アストラル体は快楽と苦痛、喜びと苦しみ、衝動、欲望、情熱の担い手です。しかしこれらはまさに、我々が眠りに落ちるときに無限の暗闇の中に沈んでいくものなのです。とはいえ、アストラル体は霊的な世界で自我とともにあると言われます。人間の内面的核である自我は霊的な世界でアストラル体とともにある、と言われます。しかし、本能や情熱、つまり実際アストラル体が担うものすべては、夜の間にいわば無限の闇の中に消えてしまうのです。これは矛盾ではないでしょうか？

実はこの矛盾は、見かけだけのものです。実際アストラル体は快楽と悲しみ、喜びと苦しみ、その日の魂に去来するあらゆる内なる経験の担い手ですが、今日の人間の場合では、アストラル体は自分でそれらを知覚することができないのです。アストラル体と自我が自らの経験を知覚するためには、これらの内なる経験を外から反射してもらう必要があります。それらの経験は、朝目覚める際に自我とアストラル体がエーテル体と肉体に戻ってきて初めて、反射されます。肉体及び、特にエーテル体は、人間が内面で経験するあらゆること、つまりあらゆる快楽や苦痛、喜びや苦しみなどを映し出す鏡のような働きをします。鏡の中に自分を見るように、肉体とエーテル体の鏡を通してアストラル体は経験したものを見るのです。しかし、朝から晩まで続くこの魂の生活を維持するために、何の努力も必要ないと考えてはいけません。人間の内なる自己である自我とアストラル体（及び意識魂、悟性魂、感覚魂のすべて）は、自らの諸力で肉体とエーテル体に働きかける必要があります。この二つの構成体との相互作用によって、昼間の寄せては返していく生活を生み出さなければならないのです。

この昼間の体験の最中に、一定の諸力が消費されます。人間の、この内的部分と外的部分の相互作用の中で、魂の力が絶えず消費されます。このことは、夜になると人間が疲れを感じるという事実に現れています。つまりエーテル体と肉体の歯車に介入するための内なる諸力を見出だせなくなるのです。夜になると、人間は疲労のために、精神を集中的に物質に注ぎ込むことを必要とする力、つまり話す力が弱まり、顔にある嗅覚、味覚、そして最終的には聴覚という、五感の中で最も霊的な感覚が、徐々に弱まっていきます。それは人間が内から諸力を引き出せなくなったためで、昼間の生活の間にそれらの諸力がいかに使い尽くされたかを示しています。

朝から夜までの間に消費される諸力はどこから来るのでしょうか？ これらの諸力は、夜の生活、つまり眠りから来るのです。魂は、眠りに落ちてから目覚めるまでの間に、昼間の生活全体を目の前に作り出すのに必要な力を、いわば吸収しているのです。昼間の生活において、魂はその力を発揮することはできても、回復に必要な力を引き出すことはできません。精神科学は、昼間に使い果たされた諸力の補充について外的な科学が立てた様々な仮説にも精通していますが、今はそこに立ち入る必要はないでしょう。魂は眠りから目覚めるとき、霊的な故郷から「魂の生活を構築するために、その日に使用する諸力」を携えてくると言えます。そういうわけで、魂が朝目覚めたときに、霊的世界から何を持ち帰るかがわかりました。

では、もう一つの質問をしてみましょう。夜、眠りにつくとき、魂は霊界に何も持ち込まないのでしょうか？　起きている状態から眠りの状態へと、何かを運び込むのでしょうか？　魂が、物理的現実という外的世界において、目覚めている間に次から次へと経験する事柄の中から、睡眠という精神的本質へ何を持ち込むのかを突き止めようとするならば、我々が「生まれてから死ぬまでの個人の成長」と呼ぶものを、とりわけ考慮する必要があります。人間の成長は「人生の後年になると人間がより成熟し、経験と知恵を深め、若い頃にはなかった一定の能力や力を獲得する」という事実の中に現れます。

人間は外的世界から何かを内に取り込み、それを自分の内側で変容させます。このことは、次のように考えれば納得できるでしょう。１７７０年から１８１５年の間に、世界の発展にとって非常に重要な一連の出来事が起こりました。これらの出来事には、さまざまな人々が関わりました。それらに参加した者もいれば、全く影響を受けなかった者もいれば、それらの出来事に大きく影響を受けた結果、経験と知恵に満たされ、魂の生活においてより高いレベルへと上昇した者もいました。

実際には何が起こったのでしょうか？　一番わかりやすいのは、人間の生活の中の単純な出来事で説明することです。例えば、文字を書く能力についての人間の成長を考えてみましょう。人生のある瞬間に、ペンを取り、自分の考えを書いて表現できるようになるまでに、実際どんなことが起こったでしょうか？　それまでにいろいろなことが起こったはずです。ペンを取り、最初の一筆を書き、この書くという技術をようやく本当に身につけるまでに、一連の経験が必要だったはずです。振り返ると、何ヶ月も何年もかかって、おそらく罰や叱責なども含めあらゆることを経て、ようやくそうした一連の経験を、書く能力に変容させたことでしょう。そうしたプロセスを経て、それらの経験は、染み込み、溶け込んで、後になってある特質となって現れた、つまり我々が「書く能力」と呼ぶものになって現れたのだ、と言えます。

精神科学は、一連の経験がどのようにして一つの能力へ凝縮していくかを示します。しかしこれは、人間が眠りを繰り返しているからこそ可能なのです。生活を観察する者は、すでに日常生活の中にそれを見出します。我々があれこれを記憶しようとする際に、眠ることでそうした記憶や記憶内容の保持が大きく後押しされ、その内容が定着するのです。それは、あらゆる人間の人生においても同様です。我々の経験は、魂と一体化し、魂によって処理される必要があります。経験が能力に変容するためには、凝縮される必要があるのです。魂は、この一連のプロセスを睡眠中に行います。時間的に幅をもつ一日の経験は、夜の睡眠中に凝縮され「凝縮された経験」へと、つまり「人間の能力」へと変容します。このように、我々は外的な経験を夜へと持ち込みます。持ち込んだ経験が変容し、我々の能力へと織りなされるのです。我々の人生は、日中の経験が夜間に能力や力に変換されることで、豊かになっていきます。

現代人の意識は、こうしたことをよく知りません。しかし常にそうだったわけではなく、昔の人たちが、古い霊視力のお陰でこうしたことに通じていた時代もありました。ある詩人が、この「変容の過程」についてどのように認識していたかを、非常に興味深い方法で示している例があります。霊視者と呼ぶにふさわしい、いにしえの時代の詩人ホメロスは『オデュッセイア』の中で、夫オデュッセウスの不在中に何人もの求婚者に取り囲まれたペネロペが「薄織物一枚を織り上げるまでは決断しない」と約束したことを描いています。しかし、彼女は夜になるといつも、昼間に織ったものを解いてしまいます。詩人は、日中の一連の体験、例えばペネロペと求婚者たちとの一連の体験が、いかなる能力にも変換されてはならない、決定する能力に変換されてはならない、ということを示すために「昼間の体験が織りなすものを、夜に解く必要があった」という描写をしたのです。解かなければ「織ったもの」が「決定する能力」に変換されてしまうからです。このようなことは、現代的な意識だけを持つ人にとっては、ささいなことに感じられるかもしれません。

しかし、偉大な者とは、その仕事を大いなる世界の秘儀の源泉から汲み取ってくる者だけであり、今日の人は、独創性などという美しい言葉を口にするときも、世界の真に偉大な芸術的業績が、どのような深みから生まれたのか全く想像できないのです。

さてこれまでの話から、魂が眠りの中へと取り込む外的な経験が、いかにして能力や力に変容するか、それによって人間の魂が「誕生から死までの人生」においていかに進歩するか、魂が何かを霊界に持ち込み、それをもう一度引き出すことでいかに自身を高めるか、がわかりました。しかし、この「誕生から死までの間の発達」を考えるなら、我々はこう言わねばなりません。「ああ、この人間の発達には、ある一定の限界が設けられている」。この限界は、我々が以下のことを考える際、魂の前にことさら現れてきます。「我々は確かに、魂に働きかけてその能力を高め、変容させ、人生の後年になると若いときよりもより完全な魂を持つことができる。しかし発達の限界もある。ある種の能力は人間の中で発達させることが可能だが、すべての能力ではない。〝肉体とエーテル体の器官を変容させることによってのみ発達させることが可能な能力〟は、ここに含まれない」。そうした器官は、生まれながらに一定の素質を持っているものだからです。例えば、音楽を理解するのにふさわしい耳を最初から持っていなければ、音楽についてある程度理解することはできません。これは、変容させることが不可能である顕著な例です。経験が我々の魂と一体化できたとしても、魂はその経験を取り込むのを諦める必要がある、ということを示す例です。肉体としての生活上そのような限界に直面したならば、「誕生から死までの間の肉体」にそうした経験を織り込もうとするのは諦めなければなりません。

そうであるからこそ、人生をより高い視点から見るならば、「肉体を壊して捨て去ることができる」ということを、人間の生全体にとって、とてつもなく健全で有意義なことと捉える必要があるのです。この〝毎朝エーテル体と肉体に再び戻ってくる〟という点に、肉体を変容させる能力の限界があります。死ぬときにのみ、我々はエーテル体と肉体を捨て去ります。そして死の門をくぐり、霊界に入ります。霊界では、もはや肉体とエーテル体という障害に邪魔されずに「誕生から死までの間に経験できたが、限界にぶつかって諦めなければならなかったことすべて」を、霊的実質の中で発達させることができるのです。

霊界から新たに生まれ変わる際に初めて、霊的原型に織り込んだこれらの力を、まだ柔らかい肉体の中へと、今度は塑性的に織り込むことができるようになります。そのとき初めて「前世で獲得したけれど、自己存在の中へ持ち込むことができなかったもの」を、自己の中に織り込むことができるのです。こうして、死を通して人生は豊かになっていきます。なぜなら、ひとつの人生において経験の成果として取り込めなかったものを、次の人生で取り込めるようになるからです。このようにして、肉体を通して現れようとする人間の内的存在は、ひとつの人生から死の門をくぐって次の人生へと移行していきます。

人間は、大まかな意味では、（誕生前に）まだ柔軟性のある肉体に働きかけ、前世では刻印できなかったものを肉体に刻印する可能性を持っていますが、それだけでなく、複数の前世からくるより微細な一定の成果を、（誕生後に）自己の全存在に刻印する可能性も持っています。

人間の誕生については、次のように言うことができます。誕生によって自我とアストラル体が、感覚魂、悟性魂、意識魂を伴って地上に存在することになりますが、それらは特徴を持たないわけではなく、複数の前世から持ち込んだ一定の性質や特徴を持っています。大まかには、人間は誕生前に、以前に成果として受け取ったあらゆるものを自分の身体形成に取り込んでいます。しかし、より細かい点においては、人間は誕生後も――これが人間を動物から区別する点ですが――、子ども時代と青年時代を通して、自らの外的及び内的性質のより細かい構造に、自我が複数の前世から規定的特徴・要因として持ち込んだものすべてを取り込んでいきます。自我がこうして人間の本質からどのように働きかけ、自らを外界にどのように表現するかということが、人間の性格となって現れるのです。人間の自我は、生まれてから死ぬまでの間に、感覚魂、悟性魂、意識魂という楽器に働きかけ、それらを鳴らします。しかし自我は、感覚魂の中にある衝動、欲望、情熱の外側に存在し、外から働きかけるわけではありません。そうではなく、自我は衝動、欲望、情熱を自らのために使用するのです。あたかもそれらが、自らに属しているかのように。自我はそれらと一体化しています。自我はまた、意識魂の中の知識や認識とも一体化しています。

したがって人間は、これら魂の構成要素との間に生じさせた調和や不調和を死の門を越えて持ち込み、新たな人生において、自分の外的性質に織り込むのです。こうして人間の自我は、前世で達成したものを携えて、新たな生において自己を形成していきます。それゆえ、性格というものは、確定的なもの・生得的なものとして（最初から）現れる部分もありますが、人生の中で徐々にしか発展していかない部分もあるのです。

動物の場合、性格は生まれながらにして完全に決定されています。外的性質に塑性的に働きかけることはできません。この点に関して、人間は有利です。誕生時に、はっきりした性格は表面に現れませんが、存在の深い底土にまどろんでいるもの、つまり複数の前世からその存在にもたらされたものが、まだはっきりしない外的性質に働きかける力を持ち、前世によって定められている限りにおいて、次第に性格を形成していくことができるのです。

このように、人間はある意味で先天的な性格を持っていますが、それは人生の過程において徐々に現れてくるものなのです。このように考えると、偉大な人物であっても、性格を誤って判断される可能性があるということが理解できるでしょう。哲学者の中には、人間の性格は変わることがない、つまり非常に決定的なものとして内面に存在する、と主張する人がいます。

しかし、それは誤りです。複数の前世からもたらされる生来の性格については、決定的なものも存在しますが、新たに発展していく部分もあるのです。この「前世由来のもの」こそが、人間の中心として人間内部から働きかけ、人間の個々の構成要素すべてに共通の印、共通の性格を刻印するものです。この性格は、いわば魂そのものに入り込み、また外側の身体の構成体にも入り込みます。我々は、内なる存在が外に向かって流れ出し、その過程ですべてのものを一定の方法で形成するのを見て、この内なる中心が人間の個々の構成要素をどのようにとりまとめているかを感じます。肉体の外側の部分にさえ、人間の内なる存在の刻印を見出すことができるのです。

ある芸術家が、通常は適切な理論上の注目を向けられないものを、素晴らしい方法で表現しました。その芸術家は、人間の中心にあってすべての構成要素に統一性を与える人間の自我が失われた瞬間の、人間の本性を描写したのです。彼はそのとき、人間の個々の構成要素が、それぞれ自らに従いながら、ひとつはこちらに、他方はあちらへ向かおうとする様子を表しました。人間が自分の人格の根底にあるもの、つまり人間全体に属するものを失ったまさにその瞬間の本性を捉えている、偉大で有名な芸術作品です。ここで言及している芸術作品は、しばしば誤解されてきました。私が最高の意味で尊敬しているこの作品の精神を、安っぽく批判しているのだとは思わないでください。しかし、まさにこの点に、人間の真実への道のりの困難さが現れています。偉大な人物たちでさえ、ある種の現象に直面すると、真実を求めようとする途方もない意欲をもってしても、間違いを犯してしまうのです。

ドイツで最も偉大な美術の権威の一人であるヴィンケルマンは、『ラオコーン』という芸術作品について、彼のあらゆる人格的前提条件から、間違った評価をしてしまいました。しかし、このヴィンケルマン流の『ラオコーン』についての説明は、広く賞賛されています。二人の息子と共に、蛇に押し潰されて死ぬトロイの神官ラオコーンの像について、ヴィンケルマンが語ったこと以上のものはない、と多くの人々が考えていました。ヴィンケルマンはこの芸術作品の前に立ち、美しい熱意をもってこう言いました。「神官ラオコーンは、その身体に現れるあらゆる形において、限りない苦痛、とりわけ父親としての苦痛を気高く壮大に表現しているのだ。彼は二人の息子の間に立ち、彼らの身体には蛇が巻きついている。父親は――ヴィンケルマンによれば――息子たちの痛みに気づき、父親としての感情の中で、腹部を引き込み痛みのすべてを生じさせているその怪物を感じている。我を忘れ、血のつながった息子たちへの限りない慈愛に燃えているところから、ラオコーンという人物を理解することができるだろう」と。

ヴィンケルマンがこのラオコーンの痛みについて述べた説明は美しいものですが、良心を持ち、ヴィンケルマンを偉大な人格として尊敬するからこそ『ラオコーン』を何度も見る者は、最終的に自らにこう言わなければなりません。「ヴィンケルマンはここで間違いを犯したに違いない。なぜなら、この中で哀れみが生じる瞬間というのは全くあり得ないからだ。父親の頭は、息子たちが全く目に入らない方向を向いている。ヴィンケルマンの彼らに対する見方は全く間違っている」と。そして我々は、この像を見たとたんにある感情を持ち、「蛇に巻きつかれたことにより、我々が人間の〝自我〟と呼ぶものがラオコーンの身体から抜け出し、自我をはぎ取られた個々の衝動が、肉体の中でおのおのの道を行こうとするまさにその瞬間を、この『ラオコーン』は表している」ということに気づきます。

下半身、頭、手足がそれぞれの独自の道を行こうとしていて、外側に見える形姿において人格としての調和がとれていないのは、自我が消えてしまったからであることがわかります。『ラオコーン』は、身体の構成要素をまとめる強力な中心点である自我が失われた瞬間、人間がいかに統一された人格を失うかを、肉体の外観で表現しています。こうしたことが我々の魂に影響を与えるとき、我々は、身体の構成要素を統一するものとして自らを現し、「人間の性格」と呼ばれるものを形成する、その統一的要素（自我）を理解できるようになるのです。

人間の性格がある程度先天的なものであるというのが本当なら、つまり、人間の生活を見ればわかるように、生まれながらにして与えられた特性を、いかなる努力によってもある限界を超えて変えることができないのなら、人間が自分の性格を何らかの方法で変えることは可能なのでしょうか？

可能です。性格は魂に属しているので、朝目覚めたときに身体の外的構成体――肉体とエーテル体――から制限を受けない限りにおいて、魂の個々の構成要素の調和を通して、つまり感覚魂、悟性魂、意識魂の力を強化することで、性格を変容させることができます。誕生から死までの個人の人生において、人格をさらに発達させることができるのです。

こうした知識は、教育において特に重要です。

適切な教育者になるためには、人間の様々な「気質」及びその本質を知ることが極めて重要ですが、人間の「性格」についても知る必要があります。そして、ある意味で〝前世とその成果〟によって決定されたこの性格を変容させるために、誕生から死までの間に何ができるかについても、知る必要があるのです。これについて知りたいならば、「個人の人生において、人間は一定の典型的な発達期を辿っていく」ということをはっきり認識しなければなりません。ここで示したことへの必要なヒントは、私の著書『霊学の観点からの子どもの教育[12]★』に書かれています。

人間はまず、誕生の瞬間から、歯が生え替わる7年目頃までの時期を過ごします。これは周りからの影響を受けながら肉体が形成される時期です。この7年目の歯の生え変わりから、誕生後13、14、15年目の性的成熟期まではエーテル体が形成されるべき時期で、このエーテル体は人間の第二の構成体です。そして人間は、アストラル体（アストラル体の下層部）が形成されるべき第三期に入ります。そして21年目頃から、人間はいわば独立した自由な存在として世界に向かい、自身の魂の形成に取り組むようになります。

20歳から28歳までは、感覚魂の力を発達させるのに重要な時期です。その後、これは常に平均的な数字にすぎませんが35歳までの約7年間は、悟性魂の発達にとって特に重要であり、とりわけ周りの世界との交流によって悟性魂を形成することができます。

人生を観察しようとしない人は、こうしたことをナンセンスだと思うかもしれませんが、目を見開いて人生を観察する人は、人間の本質のある部分が、人生のある時期に特に発達することを知っています。20代前半は、周りの世界からの印象や影響、その世界との交流を通して、自分の欲望・本能・情熱などを特に発達させることができます。

その後、我々は、悟性魂と周囲の世界との相互作用を通じて、自分の力の成長を感じるようになります。そして、真の知識とは何かを知る者は、それ以前に得た知識はすべて、準備に過ぎなかったことに気づきます。明確な視野を持って知識を真に獲得できる人生の成熟期は、平均35年目にならないと基本的にやってこない、ということに気づくのです。このような法則が存在します。人生を全く観察しようとしない人たちには、この法則が見えません。

そう考えると、誕生から死までの間の人生が、どのような構造になっているかがわかります。

自我は魂の構成要素たちを互いに調和させるよう働きかけますが、物質的な身体性にも働きかける必要があるということから、教育者にとって「外的な肉体は7年目までに特に発達する」ということを知るのがいかに重要かわかるでしょう。物質的世界から肉体に影響を与えることが可能なもの、肉体に力と強さを与えることが可能なものはすべて、この最初の7年間にのみ、人間にもたらすことができるのです。さて、肉体と意識魂の間には不思議なつながりがありますが、このつながりは人生をよく観察することで全く明らかになります。

もし自我を強めて、後年、つまり35歳以降に意識魂の力を使って自我を行使できるようにしたいならば、つまり自我が魂の中で意識魂に浸透されることによって、世界の知識を求めて外に出て行くことを可能にしたいならば、肉体がそれを制限することになってはなりません。自我が内に閉じこもらずに、世界との開かれた交流を求めようとする際に、肉体は自我と意識魂の最大の障害となり得るのです。しかし一定の範囲内であれば、教育を通じて、生後7年目までの子どもに肉体のための力を与えることができます。ここに人生の不思議なつながりを見出すことができます。教育者が子どもに行うことは、その子どもの後の人生にとってどうでもいいことではないのです。こうした人生の秘密について何も知らないのは、人生を観察する方法を知らない人だけです。幼児期と、35～42歳頃の人生を比較できる人は、人生の最初の時期に適切な方法で働きかけていれば、その人が自分の中に閉じこもることなく世界と自由に交流すべき時期（35～42歳頃）に入った際に、最大の恩恵を得られるということを知っています。肉体の喜びや、周囲から流れ込んでくる愛として我々が子どもに与えるものは、子どもの肉体に強さを与え、そして肉体を言わば柔らかく可塑的に形成していけるようにするのです。

幼児期と、35～42歳頃の人生を比較できる人は、人生の最初の時期に適切な方法で働きかけていれば、その人が自分の中に閉じこもることなく世界と自由に交流すべき時期（35～42歳頃）に入った際に、最大の恩恵を得られるということを知っています。

この人生の最初の時期に子どもに与える喜び・愛・幸福が多ければ多いほど、後にその子が持つ障害や支障は少なくなります。自我がまるで楽器を鳴らすように意識魂に働きかけると、その人間は世界と、自由で開かれた、相互に作用する関係性を築くようになります。生後7年目までの子どもに、愛情のない暗い運命や苦痛を与えると、その子の肉体を硬くし、こうしたすべてが後の人生の障害となります。そして、先ほど述べた人生の時期に、閉鎖的な性格と呼ばれるものが現れます。存在すべてを魂の中に閉じこめてしまい、外界のあらゆる印象と、自由で開かれた交流をすることができなくなるのです。このように、人生の時期には不思議なつながりがあります。

そしてまた、人生の第二期（7〜14歳頃）に特に形成されるエーテル体（生命体）と悟性魂の間にもつながりがあります。悟性魂には、自我がこの魂に働きかけることによって、そこから引き出せる諸力が眠っています。これらの諸力は人間を、自発性や勇気を持つ存在へと成長させるか、あるいは逆に臆病で優柔不断でだらしない人間へと成長させます。自我が強いか弱いかによって、人は臆病な性格になったり、勇気ある性格になったりするのです。人間が世界との交流を通して、特にこの悟性魂の質を刻印し、確固たる性格を築くのに最良の時期（28〜35歳頃）に、エーテル体に障害や支障が見出されることがあります。もし我々が、生後7年目から13・14年目の間の人間に、後の人生（28歳〜35歳）で支障が生じないようにエーテル体に浸透する力を与えてあげられたなら、我々はその人が心から感謝するような教育を授けたことになります。

生後7年から13年目の子どものそばに、我々がその子にとって権威となりうるような形で、つまりその子にとって真理の担い手となるような形で立つとしたらどうでしょう？　権威が特に健全に作用するこの年齢の子どものそばに、教師として、親として、教育者として立ち、「こうすることで、この子のエーテル体の力を強めることができる。そうすると、その後の28歳から35歳の時期に、この子のエーテル体（生命体）にはほとんど支障が生じないだろう」と言えるとすれば、その子どもは後に、自分の自我の性質に応じて、自発性を持った勇気ある人間になることができるでしょう。我々が人生のこうした不思議なつながりを知れば、人間に多大な利益をもたらすことができるのです。

我々は、混沌とした教育の中で、かつては本能的に知っていたこのようなつながりに関する認識を失ってしまいました。昔の先生たちが、深い直感からであれ、ひらめきからであれ、こうしたことを知っていたと気づくのは、いつでも喜ばしいことです。例えばロテック教授[53]★の古い『世界史』は、今日では内容のあちこちが時代遅れになっているかもしれません。しかし、このロテック教授の古い『世界史』——それは我々が若い頃、父親の蔵書の中に見つけて読んだものですが——を、人間性への理解をもって手に取ると、フライブルク大学で歴史を教えていたバーデン出身のこの教授が、物事をただドライに、冷静に教えたのではないことを示す、独特の表現方法に気づきます。ロテック教授の『世界史』の、それ自体にも並外れた精神が現れている序文を読んだだけで、人はある感情を持つのです。この人は、若者たちに意識的に語りかけている、と。それは、アストラル体が発達する14歳から21歳の間の若者たちに、美しく偉大な理想から生じる力を供給しなければならない、という意識です。ロテック教授はあらゆるところにおいて、英雄たちの思想の偉大さで人を満たそうとし、人間が進化の過程で苦しんできたことへの思いや、人間が目指してきたことへの熱意で、人をかき立てようとしています。

こうした意識は十分に正当化されます。なぜなら、14歳から21歳のこの時期に、このようにしてアストラル体に注ぎ込まれたものは、その後すぐ、自我が世界との自由な相互作用の中で自らを行使しようとする際（21～28歳頃）に、感覚魂に恩恵をもたらすからです。高い理想と熱意という形で魂に流れ込んだものは、感覚魂に刻印され、感覚魂の性格として組み込まれます。これが自我そのものに刻印され、その人間の性格となるのです。

このように、人間のさやである肉体、エーテル体（生命体）、アストラル体は、ある意味でまだ柔らかく、教育によって若いうちにあれこれの働きかけを受けることが可能であり、そうした働きかけを受けることで、その人間は後に自分の人格に働きかけることができるようになるのです。必要なことが（教育において）生じなかったとしたら、自分の人格に働きかけるのは難しくなります。その場合その人は、（自分の人格に働きかけるためには）一定の性質や感情を伴う深い瞑想に、意識的に取り組まなければならないでしょう。そうした性質や感情を、魂に意識的に刻み込むのです。そのような人は例えば、理論以上のものを語りかけてくる宗教的な告白の内容を、内的に体験しようとすることができます。あるいは、偉大な世界観、つまり人生の後年においてもなお、概念・感情・思想と共に、我々を包括的で偉大な世界の神秘へと導いてくれるものに、何度も何度も身を捧げなければならないでしょう。一回限りの観照ではいけません。もし我々がそのような世界の神秘に没頭し、喜びをもって何度もそうしたことに身を捧げ、毎日繰り返す祈りの中でそれらが我々に印象づけられるなら、人生の後年においてさえ、自我の働きを通して自分の人格を再形成することができるのです。

こうして、人間は自分の自我に組み込まれたもの、自我が克服したものを、自分の魂の構成要素である感覚魂、悟性魂、意識魂に刻印します。さて、人間は一般に、物質的な身体に多くの働きかけを行うことはできません。物質的な身体は生まれながらの能力を持ち、それらへ働きかけることには限界があることを見てきました。しかし、より詳しく観察すると、この限界にもかかわらず、人間は誕生から死までの間にも、自分の外的な身体性に働きかけることが可能だとわかります。

10年間本当に深い知識に専心した人の、人相、しぐさ、態度全体までもが変化し、「自我」の働きが外的な身体性にまで及ぶのを、見たことがない人はいないでしょう。そうした知識は灰色の教義にとどまることなく、喜びと苦しみ、至福と痛みに変容され、基本的にそうすることでのみ本当の知識となり、自我に織り込まれるのです。

しかし、人間が誕生から死までの間に獲得したもので、外的な肉体に刻むことができるものは、それほど多くはありません。人間は、獲得したもののほとんどを断念せねばならず、それらは来世のためにとっておかれるのです。

一方、人間は複数の前世から多くのものを携えてきており、内的な能力を持ってすれば、誕生から死までの間に得たものを通して、それらをより豊かにすることができます。

こうして、人間がいかに身体性にまでも働きかけることができるか、人格が魂の内面だけにとどまらず、身体の外的部分にまで浸透していくかがわかりました。人間の内的な性格が最も外的な部分に特に表現されるのは、第一にしぐさにおいて、第二に人相において、第三に頭蓋骨の骨の形成、骨相学として研究対象とされるものにおいて、です。

人間の性格は、しぐさ、人相、骨の形成といった外見の中に、どのように表現されるのでしょうか？その答えの手がかりは、人間についての精神科学の洞察の中にあります。その洞察によると自我はまず、あらゆる衝動・欲望・情熱、つまり意志の内なる衝動と呼べるものすべてを含む感覚魂に働きかけ、感覚魂を形成していきます。この感覚魂という楽器の弦を自我が奏でると、それが外的に、しぐさとなって現れます。感覚魂の中で性格として内に生きているものが、顔の表情やしぐさとして外側に現れます。このしぐさは、人間の内面、特に性格について多くのことを教えてくれます。

たとえ人間の自我が自身の性格を、主に感覚魂の中で発揮するとしても、自我が感覚魂という楽器の弦を鳴らした影響は、魂の他の構成要素にも及びます。自我が主に感覚魂に働きかけると、感覚魂が特に強く鳴り響きますが、他の構成要素もまた鳴り響くのです。これらが、しぐさとして現れます。例えば、感覚魂の中にのみ表現される最も粗雑な要素はすべて、人間の腹部に関するしぐさとして現れます。満足感を持って腹をなでる者は、自分の性格をいかに感覚魂の中に完全に封じ込めて生きているか、意志の衝動が、魂のより高い構成要素の中にいかに少ししか存在しないかを、正確に現わしています。

しかし、主に感覚魂の中に住まう自我が、感覚魂にある衝動、欲望、意志の決意などを悟性魂に鳴り響かせるとき、悟性魂の外的表現として現れやすい、心臓の領域に関連するしぐさが認められます。いわゆる強い信念を持った人たちは、感情から語り、その感情を言葉にして表現することができます。彼らは心臓を叩くようにして話します。彼らは、客観的な判断からではなく、情熱から発言しているのです。我々は、情熱的な性格が悟性魂にまで鳴り響くのを認識します。完全に感覚魂の中にありながらも、強い「自我」によって、特に聴衆の前に立ったときに、悟性魂までも鳴り響かせることのできる人がいます。例えば、聴衆の前に立ち、親指をチョッキの穴に突っ込んで話す人気者の演説家です。彼らは感覚魂から話す人であり、主観的でエゴイスティックで非常に個人的な感情を言葉に変換していますが、チョッキの穴に親指を入れるしぐさがそれを現わしているのです。

感覚魂で鳴り響いたものを、自我の働きによって意識魂にまで響かせる人々の場合は、特に意識魂の外的表現に関わる器官において、しぐさが現れます。そのような人々がはっきり示すしぐさとして、内側に感じるものを一つの決定に導くのが特に困難だと感じるときに、自分の鼻に指を当てる、というものがあります。意識魂の深みからこの決定を引き上げるのが、いかに困難かを示したいときに、そのようなしぐさが外的な刻印のように現れます。このように、魂の構成要素の中で自我の性格として実際に表現されているものすべてが、どのようにしぐさへと注ぎ込まれるかを見ることができます。

主に悟性魂に生きている人の場合を見てみましょう。悟性魂は人間の内面に近いもの、外的に決定されないもの、奴隷のような扱いに屈しないもの、より自分らしいもの、といった特徴を持ちますが、これらが特に人相にどう現れるかを見てみます。自我が悟性魂を鳴り響かせ、それが感覚魂にまで響くとき、つまり最初は自我が悟性魂の中で生きているけれど、その中にあるすべてが感覚魂へ下降していくとき、言い換えれば、その人がある意見に貫かれ、その意見が輝き出すとき、それは生え際が後退した額や、突き出たあごとなって現れます。悟性魂の中で体験されたけれども、感覚魂にしか鳴り響かないものは、顔の下部に表現されます。もし悟性魂が発展させることのできる可能性、つまり外と内の調和、内に閉じこもって考え込むのでもない、完全に外に向かうことで内を空っぽにするのでもない、外側と内側の美しい調和を人間が達成すると、それは顔の中央部分に現れます。このとき自我の性格は悟性魂の中に好ましいあり方で表現され、それが悟性魂の外面的表現部分である顔の中央に現れるのです。

ここで、精神科学が文化の観察にいかに有益であるかがわかります。つまり、世界の発展における歴代の民族の資質が、特にどこに現れているかが示されるのです。悟性魂は、古代ギリシャにおいて特に顕著でした。そこには外面と内面の間の美しい調和があり、精神科学でいうところの、〝自我の悟性魂における特徴的表現〟がありました。したがってギリシャ人の外見には、その完成形が「ギリシャ人の鼻」として現れています。このようなことは、物質の中に刻印されている外的なものを、その源である霊的基盤から理解して初めてわかることなのです。

そして、主に悟性魂の中に生きているものを人間が意識魂へ持ち込むとき、そこに生じる人相学的表現は、突き出た額です。この人相は悟性魂の表出を示しています。これは額の特別な形成に表れます。自我が悟性魂の中で働き、そこにあるものを意識魂へと、言わば流し込んでいるのです。

しかし、もしある人の自我が非常に特別なあり方をしていて、自我の本質を意識魂の中に性格として表現できているならば、その人は例えば、自我が意識魂の弦に鳴り響かせたものを、下方に、つまり悟性魂と感覚魂にも響かせることができます。これは、人間発達の高次の完形のひとつです。意識魂においてのみ、我々は高い道徳的理想や世界に対する偉大な洞察に貫かれることができるのです。

これらすべてが、我々の意識魂の中に生きなければなりません。「自我」が意識魂に力を与えることで、意識魂は世界の知識や概観を得ることが可能になり、意識魂の中に高い道徳的理想や美的感性が住まうようになります。その道徳的理想や美的感性が下方へ向かい、熱意や情熱、つまり感覚魂の内的な暖かさになるのです。これは、人間の認識が輝くときに起こります。

そのとき、人間が最初に上昇させた最も高貴なものが、再び感覚魂に降りていきます。こうして、最初に意識魂の中に存在したものを感覚魂に流し込むことで、感覚魂を上昇させるのです。しかし、こうして意識魂の中で体験したこと、自我の働きによって意識魂の中に現れた理想的な人格を、人間の身体に刻印することはできません。人間の外的な身体は、生まれつきの性格によって制限されているからです。肉体に刻印することは諦めなければなりません。それは高貴な魂の性格として表現されることはあっても、外的な肉体の表現へと持ち込むことは、決してできないのです。それは、死の門を越えて携えていかなければならないものですが、次の人生において最も強力な力となります。高い道徳的理想として燃えるような情熱をもって感覚魂に注ぎ込んだもの、死の門をくぐって携えていけるものは、来世に持ち越すことができ、そこで最も強力な形成力となるのです。我々が高い道徳的理想を実現するために努力してきたことは、新たな人生において、頭蓋骨の形成、頭蓋骨のさまざまな隆起や窪みとして現れます。

こうして、人間の達成したものが骨の形成にまで現れるということがわかります。しかし、頭蓋骨の形成や、頭蓋骨の構造における隆起と窪みが暗示する人間の性格についての知識はすべて、個人的な文脈におけるものであることも認識しておかなければなりません。骨相学に一般的な図式を当てはめたり、典型的な原則を打ち立てたりすることができると考えるのは、馬鹿げたことです。そんなものはありません。なぜなら、人間が頭蓋骨として携えてくるものは、複数の前世に由来するものであり、一人ひとりの人間の頭蓋骨に、独自の科学が作用しているからです。ですから、この件に関する一般的な科学というのは存在しないのです。一般的な骨相学を確立しようとするのは、あらゆることを図式化しようとする抽象主義者だけです。今述べたように、人間において骨の形成にまで現れるものを知る人は、骨の構造に個々の人間の何かが表現されるということだけを語れるでしょう。このように、頭蓋骨の形成は一人ひとり異なっており、その由来をその人の人生に見出すことは決してできません。頭蓋骨の形成には、「再具現化」と呼ぶべきものが現れています。頭蓋骨の形の中に、その人が複数の前世で達成したものを見出すことができるからです。それによって、輪廻転生や再具現化が、目に見えるものになります。我々は、世界のどこに、そうしたものが見出せるかを知っていればよいのです。

このように、人間の性格として発達するものについては、その起源を、ある意味で最も硬い構造の中にまで探らなければなりません。人間の性格は、素晴らしい謎として我々の前に存在しています。我々は、まず自我が人間の性格を感覚魂、悟性魂、意識魂の中でどのように形成していくかを説明しました。そしてそれらの中における自我の働きが、どのように外的な身体性に、つまりしぐさ、人相、骨にまで刻印されるかを見てきました。そして、人間が誕生から死、そして新たな誕生へと導かれる際に、内なる存在がいかに外に働きかけるか、内なる魂に性格を刻印し、さらにこの内なるものの外的な似姿である外的な身体にも、性格をいかに刻印するかを見てきました。ですから『ラオコーン』において、外的な身体が個々の手足へとバラバラになっていくのを見たとき、我々がいかに深く心を動かされるかがよく理解できます。我々はこの芸術作品の外的なしぐさに、人間の本質的な要素が消失してしまった様子を見るのです。

今日提示したのは、物質にまで刻印された精神の作用、そして、前世から携えてきた先天的な性格が、いかに我々を規定するか、物質的な組成が、生涯にわたり精神にとっていかに決定的であるか、そして精神が、人生に介入することによって獲得した性格の果実を、いかに来世で表現するか、を示すものです。

ゲーテがシラーの頭蓋骨を手にして次のように語ったときの心境に、我々は入り込むことができます。

「この頭蓋骨の形には、精神が物質に刻印したものが現れている。シラーの詩から、そして彼の友情の言葉から私に何度も響いてきたものが、特徴的に刻印されている。ここに、精神が物質にいかに働きかけたかが現れている。この物質の一片がその高貴な形姿の中に示しているのは、シラーの精神から非常に力強く輝き出ていたものを、彼が複数の前世においていかに準備したかである」

ですから我々は、ゲーテがシラーの頭蓋骨を観照して述べたことを、自身の確信として繰り返すことができます。

「人生において、神性が自身を開示する、これ以上の贈り物があろうか？ここには、神性がいかに固体を精神に溶け込ませ、精神が生みだしたものをいかに堅固に保存するかが現れている！」

（了）

訳者 付記 3：バイオグラフィーワークについて

ここで〝バイオグラフィーワーク〞に関わる基本的な観点を整理しておきたいと思います。

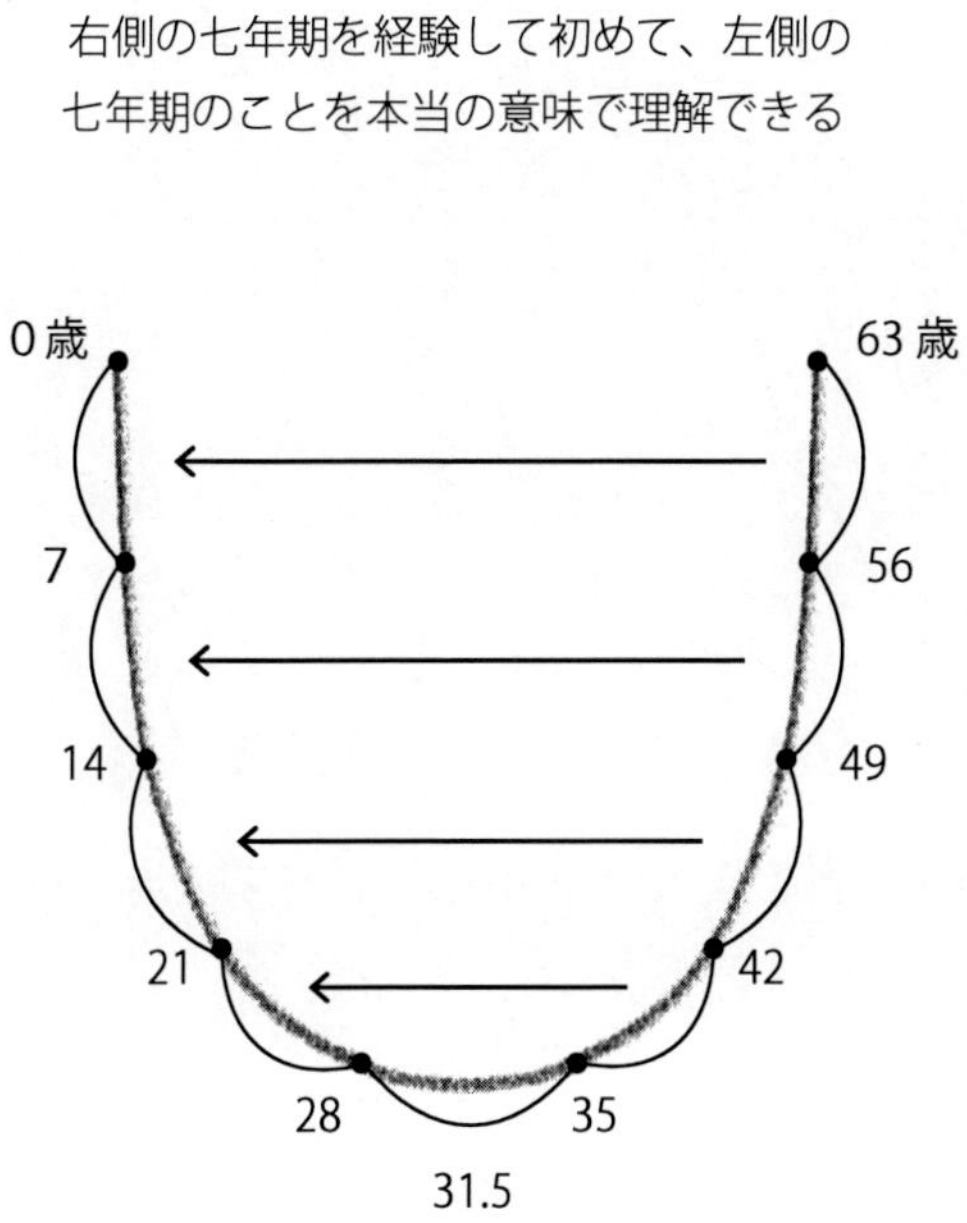

図1　七年期同志の対応関係

■■■ 七年期同士の対応関係 ■■■

本書に採録した二つ目の講義によると、人間の発達の流れは図1のようになり、図の右側の七年期を経験して初めて、その反対側の、対応する七年期のことを本当の意味で理解できるようになると言います。では、63歳以降の人生についてはどうなのか？と思われる方も多いと思います。ここでは、シュタイナーの以下のコメントだけを紹介しておきます。

「我々は地球に存在しているとともに、相互に浸透する7つの領域（月、水星、金星、太陽、火星、木星、土星）にも存在しており、人生の経過とともにそれらの領域へと成長していくのです。誕生から死までの間に、惑星存在たちが、我々を当初の位置からそれぞれの惑星領域へと、言わば導いていきます。土星領域に到達したとき（63歳）、我々は惑星領域の存在たちが我々に恩寵として行ってくれたことすべてを通過したことになります。その時点で我々は、秘教的な意味において、宇宙を自由に動きまわれる存在になります。そして、秘儀参入者の立場から惑星領域での人生を振り返ります。ある意味、以前は従わなければならなかった必然性から、解放されるのです[54]」

■■■カルマ（霊的な因果法則）■■■

『シュタイナーのカルマ論：カルマの開示[55]』（高橋巖訳　春秋社）に、以下の記述があります。

「七歳から十四歳までの子供の教育の結果は、晩年からひとつ手前の七年期に現れます。そのように原因と結果は、円環を成して現れるのです。最初期に生じた原因は、もっとも遅い時期に結果を現します。けれども、個人の生活の中には、このような結果と原因だけではなく、円環を成す経過と並んで、同時に直線的な経過も存在しています。（中略）けれども原因と結果の関連を、もっぱら一回かぎりの人生の中だけに求めるならば、人生の秘密は解明できません」

つまり、人生におけるカルマの現れ方には次の三種類があるということです。

A：一つの人生における「原因と結果」の円環的／周期的現れ（図2）
B：一つの人生における「原因と結果」の直線的現れ（図3）
C：前世から今世、今世から来世にまたがる「原因と結果」の現れ

Aについては、本書28ページに次の記述があります。

「人生の長いスパンを研究すると、ある人が〝幼少期〟に経験することと〝老年期〟に経験することとの間に、注目すべきつながりがあることがわかります。（中略）もし、幼少期に不安や強い恐怖による感情の衝撃を受けた場合、その後は長い間その影響から逃れていられるかもしれません。しかし老年期になると、その原因を幼少期に見出せるような状況が起こる可能性があります。また〝思春期〟と〝老年期の直前の時期〟にも関

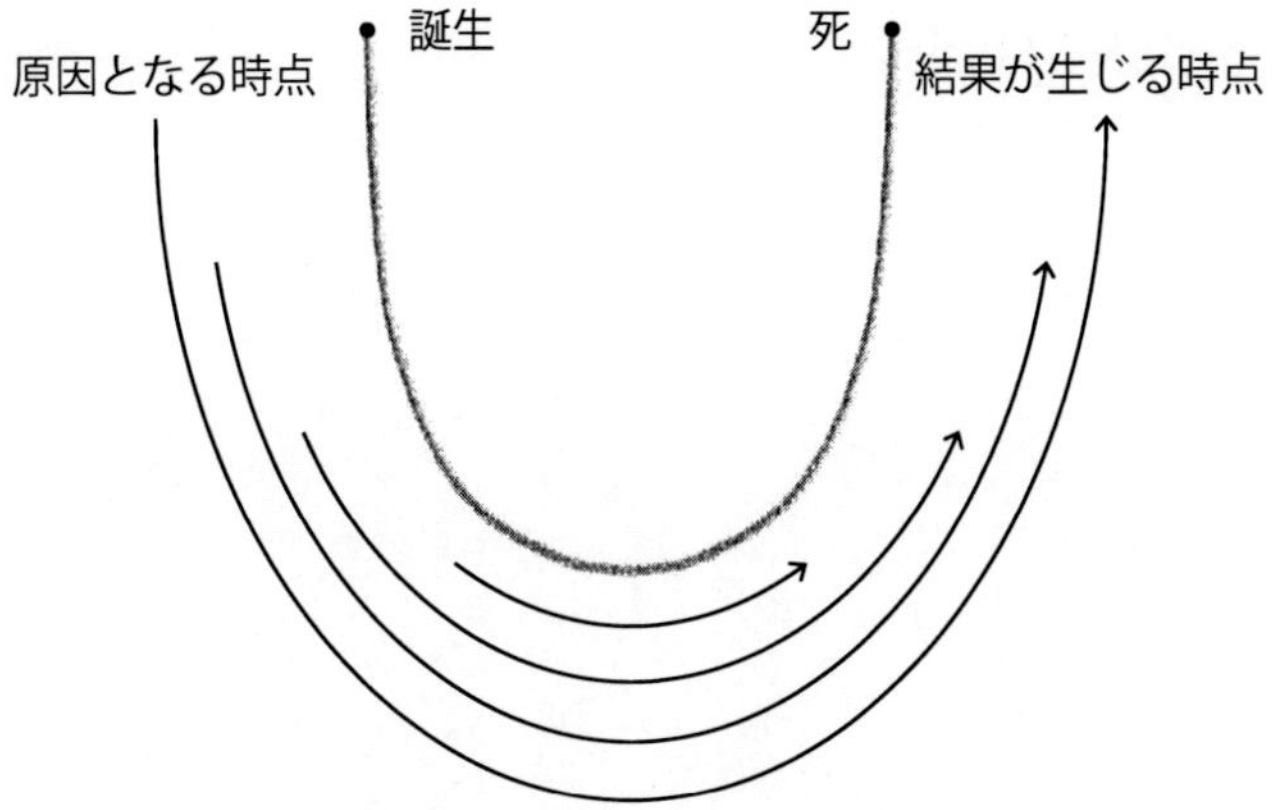

図 2　A「原因と結果」の円環的 / 周期的現れ

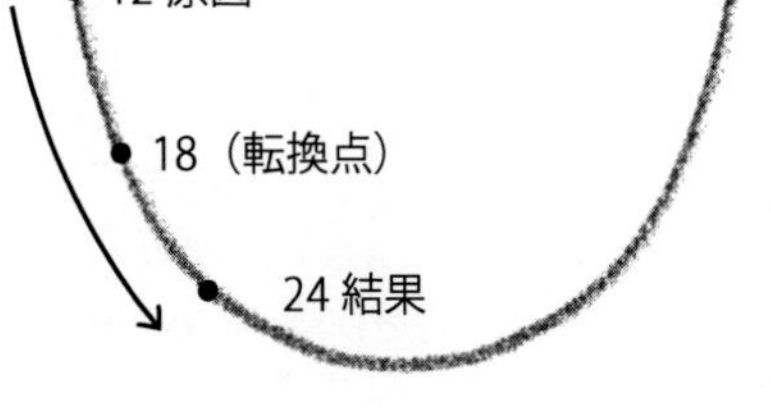

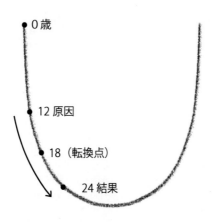

図 3　B「原因と結果」の直線的現れ

連性があります。人生は循環しているのです」

また、本書30ページには次の記述もあります。

「個々人が知る必要はありませんが、誰の人生にも一つの中心時点があります。その中心時点以前（幼少期や青年期）に起こったことは、その後に起こる出来事の深みの中に休んでいて、中心時点以降に同じだけの年数が経った頃、その影響を生じさせるのです。誕生が死の対極であるように、幼少期の出来事は死の直前数年間に起こる出来事の原因となるのです」

つまり、「原因と結果」の円環的／周期的現れに関しては、31.5歳で折り返す本書210ページの図1を適用するわけではないということです。原因と結果の円環的／周期的現れを示す人生の中心時点は個人によって異なり、それはその人の死後にしか確定しないことになります。Ａ（図2）の図式が正しいとすると、人生の前半に生じた原因の結果が未来のどの時点で現れるかを、生前に推測することはできません。

B（図3）も同様に、時間的スケールにおける「原因と結果」の現れですが、こちらは誕生と死の中間ではなく、別の時点を中心にして、前後に同じ年数をたどった時点に原因と結果が現れる、というものです。Aの図式のミニ版と言えるかもしれません。

本書29ページに次のようなBの例が出てきます。18歳まで学問に打ち込んでいたのに、18歳のときにそれを放棄して商人になることを余儀なくされた人が、最初の数年間はうまくいっていたけれど6年後の24歳の時点で内的困難を覚えた、という例です。シュタイナーはこの場合、18歳から6年遡った12歳の時点で何かが起こっていて、それが24歳で生じたことを説明すると言います。同様に、18歳で勉学を断念して商人になった若者が、23歳で不満や倦怠を感じ始めた例をシュタイナーは前掲書の中であげていますが、そこでは次のように述べています。

「当の若者は、勉学に励んでいた十三歳のときに—つまり方針を変える五年前に—ある種の内的な浄福感をもったことがあったのです。もしも職業の選択を変えずにすんだとしたら、その若者は十三歳のときに体験した事柄を、後になって育成し成熟させることができたかもしれません。（中略）しばらくは魂の中に生じた反動が抑えられていましたが、後になってそれが強く現れてきたのです[★53]」

この例では、18歳が転換点です。原因となる出来事がそこから5年前の13歳で起こっていて、18歳時点でその流れが言わばせき止められ、その反動が18歳から同じく5年後の23歳で現れたということになります。ある転換点の数年前に生じていた原因が、転換点から同じ年数が経った時点で結果を生じさせた、ということです。

Cについては、ここでは詳しく触れませんが、繰り返す輪廻転生の中でカルマが具体的にどのように現れるかに関して、シュタイナーは様々な講義で詳細に語っています。興味のある方は、ぜひ前掲の『シュタイナーのカルマ論：カルマの開示』（高橋巖訳 春秋社）及び『カルマ論集成シリーズ』（西川隆範・松浦賢訳 イザラ書房）をお読み下さい。

A、B、Cでシュタイナーが示したかったのは、カルマ（霊的な因果法則）は、まるで物理法則のように厳然と、一定の法則性を伴って現れる、ということだったのではないでしょうか。バイオグラフィーワークを行う意義のひとつに、これまでの人生で起こった事柄に起因する害や偏りを見出し、それらに対して意識的に癒しやバランスをもたらしていく、ということがあります。何も行動をとらなければ生じてしまうであろうネガティブな結果を未然に防いだり、生じてしまった結果の原因を見出してそこに癒しをもたらしたりするのです。シュタイナーは前掲の同じ講義の中で次のように言っています。

「もちろん、八十歳になった人が、自分の身に今起こった出来事の原因を幼児の最初期に求め、その関連に気づいたとしても、その関連を見通せただけでは、幼児のときに加えられた罪を償う〝解毒剤〟を見出すことにはなりません。けれども、その人がもっと前に、たとえば四十歳の頃に、八十歳で起こるべきことのための配慮をあらかじめしておいたならば、たぶん、八十歳になる以前に〝解毒剤〟が使用できたでしょう。（中略）自分が犯した罪や自分に対して加えられた罪を償い、生じるはずの結果を避けるためには、いろいろな試みをして、何もしなければ必ず現れてくる結果を、別な結果に置き換えようとしなければなりません。（中略）そのとき、その人は、特定の結果を自分で欲したのです。カルマ的関連の中に自分の意志を働かせて、何もしなければ生じたはずの結果の代わりになりうるような何かを生じさせたのです。カルマの法則を意識化して、自分で自分のカルマに結果を生じさせたのです★[53]」

私は、バイオグラフィーワークは〝自分で自分に癒しをもたらす手段〟となる可能性を持っていると思うのです。もちろん、そこに愛を持った他者の存在があれば、癒しがより促進されます。グループワークの醍醐味はそこにあると言えるでしょう。自分に必要な癒しをもたらすことで、誰もが、今回の人生における本来の使命や目的に、よりエネルギーを注げるようになるのではないでしょうか。ちなみにシュタイナーは、自分や他者のカルマに介入することに関して、こうも述べています。

「何らかの形に変化した愛の力、これこそが心理療法[56★]における本来の有効手段なのです。その根底に愛の力が働いているのでなければ、正しい目標に達することはできません。(中略) 魂の本質が愛なのだ、ということを踏まえたときはじめて、私たちはカルマに働きかけることが許されるのです[53★]」

■■■ 人間の構成要素の発達 ■■■

人間は様々な構成要素から成っており、七年期ごとにそれぞれの要素が発達していく、というものです。構成要素の発達については、本書171ページの人間の性格についての講義の中でも語られていますが、本書80ページに、次の記述があります。

「この七年周期の人生を魂の前に置くと、まず7歳までに肉体が構築され、14歳までにエーテル体が構築されます。14歳から21歳まではアストラル体と呼ばれるものが作られ、組織化されます。その後、28歳までは感覚魂、35歳までは悟性魂、42歳までは意識魂が作られます。そして、霊我へと続きます――これはある意味アストラル体が進化したものですが――」

また、シュタイナーの次のようなコメントもあります。

「暫定的に変容したアストラル体が、物質界における感覚魂です。暫定的に変容したエーテル体が悟性魂であり、暫定的に変容した肉体が意識魂です。つまり、現在の人類期において、意識魂は肉体の中に位置し、肉体を道具として使うのです。悟性魂はエーテル体にあり、エーテルの動

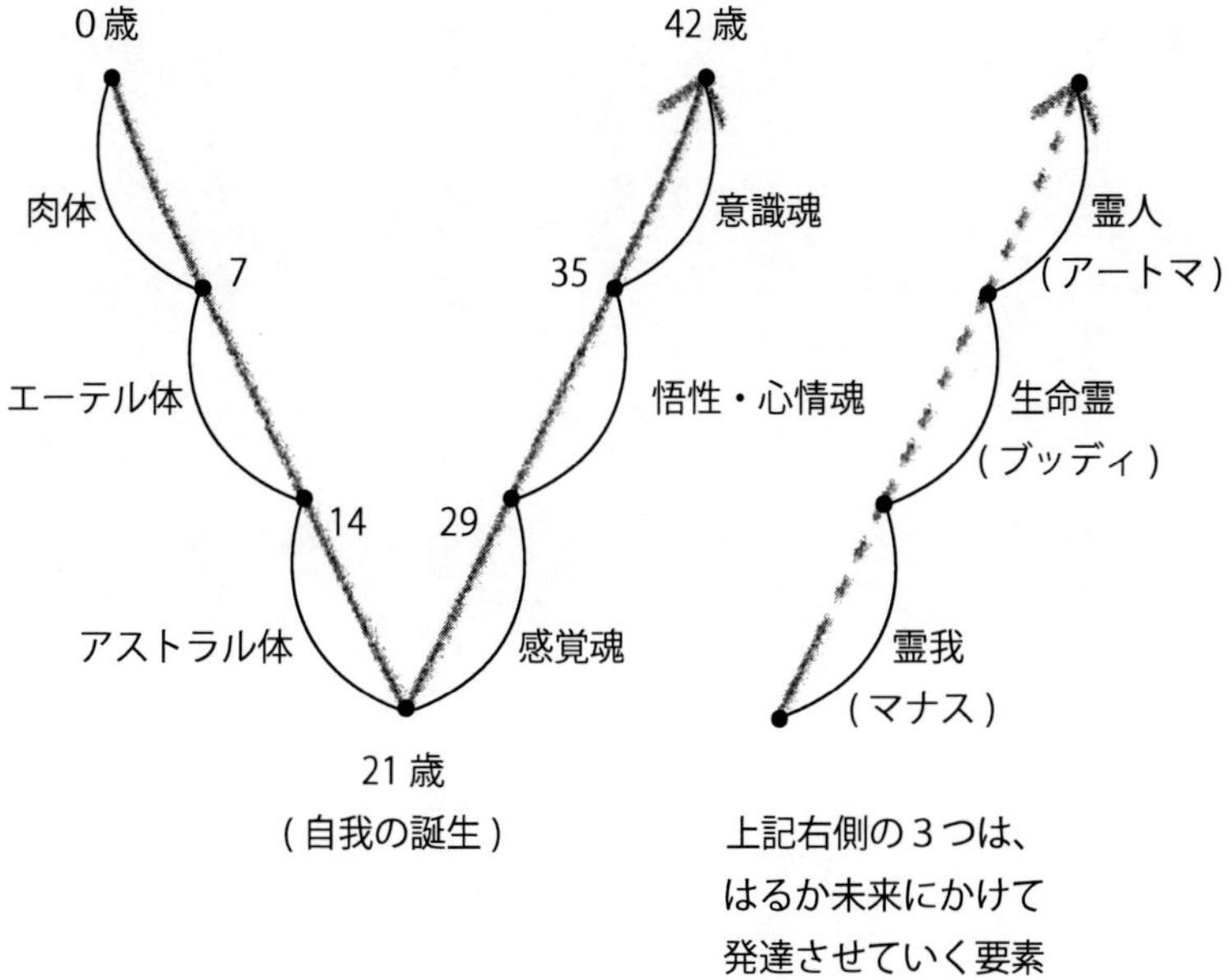

図4 「人間の構成要素」の発達

きを使用します。感覚魂は、本能・欲望・情熱などの担い手ですが、アストラル体にある力を利用します。悟性魂は、感情の内なる力、思いやりなどの力ですが、エーテル体を使用し、意識魂は肉体の脳を使用するのです[★57]」

これを図にすると右図のようになります（図4）。21歳頃誕生する自我の使命については、『霊学の観点からの子どもの教育』（松浦賢訳 イザラ書房）の中のシュタイナーの言葉に次のものがあります。

「自我の使命は、まさに〝ほかのさまざまな構成要素に働きかけて、それらを気高いものにし、純化する〟というところにあるのです」

図4に示したように、人間は21歳頃誕生する自我の力で、「肉体」「エーテル体」「アストラル体」を42歳頃までにそれぞれ「感覚魂」「悟性・心情魂」「意識魂」へと発達させていきます。ただし「肉体」「エーテル体」「アストラル体」をもう一

段階ずつ高めた、一番右側の三つの高次の構成要素については、現代の私たちは萌芽として持ってはいるものの、遠い将来においてしか完全には発達させられないといいます★[58]。以下は『黙示録の秘密』（西川隆範訳 水声社）からの引用です。

「高次の構成要素は遠い将来にはじめて発展させられるものです。地球紀においては、人間は三つの高次の構成要素すべてを形成することはできません。（中略）……人間が全く意識的にアストラル体に働きかけ、アストラル体を霊我に変化させるのは、地球紀★[59]の終わりのことです。地球進化紀の間に、人間は三つの低次の構成要素に、半分意識的に、半分無意識的に働きかけて、将来の準備をおこなっているのです。（中略）……今日、いたるところで、人々のなかに霊我、マナス★[60]の萌芽が見られます。ある人はその萌芽を多く有し、ある人は少しだけ有しています。マナスが人間の本質のなかで活動するのを意識するには、人々は★[61]多くの輪廻転生を経ていかねばなりません。」

これまでバイオグラフィーワークの実践者の間では、先に記した「七年期同士の対応関係」「カルマ（霊的な因果法則）」「人間の構成要素の発達」の三つともを「ミラーリング（鏡映関係）」と呼ぶ傾向があったため、混乱を生じさせていたと思います。それぞれを別の観点として理解する必要があるのではないでしょうか。

バイオグラフィーワークは、個々の人生を入口として、そこから人類の進化の流れ、太陽系の進化の流れへと人間の視点を導いていきます。その壮大な文脈の中で「わたし」はどこに位置し、今回の人生でどういうあり方、生き方を選ぶのか？という問いが生まれます。私たちは過去のカルマに規定されるだけの存在ではなく、自分の、そして人類の未来のカルマを刻一刻と紡いでいるのです。

訳者あとがき

バイオグラフィーワークを本格的に学び始めたのは２００８年ですが、バイオグラフィーワークとの出会いはその二年前に遡ります。当時私は、アメリカのＮＹ州にあるサンブリッジ・カレッジというシュタイナー教育教員養成カレッジに通っていました。そのカレッジの私のクラスの担当教授シグニー・シェイファーは、アメリカでバイオグラフィーワーカー養成コースを共同創設し、長年に渡り後進を育ててきた人でした。さらに夫のクリストファー・シェイファーは、バイオグラフィーワークの創成期から実践を重ねてきた、その分野の先駆者だったのです。カレッジの学長的な存在だったクリストファーは、バイオグラフィーワークの父と呼ばれるオランダ人精神科医ベルナード・リーヴァフッドの、三人の愛弟子の一人でもありました。

シグニーの授業を通して、シュタイナーが唱えた人生の七年周期の流れについて知った私は、俄然興味を持ちました。シェイファー夫妻は、ある週末にバイオグラフィーワークショップを主催してくれ、もちろん私も参加しました。その時のアイスブレイクで私が選んだカードは、いたずらっぽい目を輝かせた70代くらいの女性の写真でした。グループダイアローグで「こんな風に年をとりたい」と言ったのを今も覚えています。

人生100年時代の今、生き生きと年齢を重ねていくためには、どうすればいいのでしょうか？子ども時代に理想的な家庭環境や教育環境を得られなかった大人も、自分を癒し、充実した人生を送ることができるのでしょうか？　また、子どもが20年後、30年後、40年後に自分で人生を切り開いていくために、周りの大人が与えることのできる一番の贈り物は何でしょうか？シュタイナーがこれらの問いすべてに答えてくれるわけではありません。しかし、シュタイナーの深い示唆は、私たちがそれらの問いに自分で向きあうための拠り所となってくれるでしょう。

バイオグラフィーワークは、この本に訳出したような知識体系に裏打ちされている一方、セッションの中心は「ダイアローグ」にあります。他者の言葉を真に「聞くこと」、他者と真に「出会うこと」は、理論や技術ではありません。それこそ、私たちの自我が、魂のどこを鳴り響かせるのか、そして、そこに愛はあるのか、にかかっているのかもしれません。ぜひ、多くの方に体験して頂きたいプロセスです。

最後に、私のもやもやする疑問や想いをずっと聞き続け、一緒に議論してくれた、友人であり同僚でもある秋元香里さんに心からの感謝を捧げます。

２０２３年、第三ムーンノードを終えた秋に

後注

1 Max Kemmeririch(1876-1932).
2 Albrecht Wenzel Eusebius von Wallenstein(1583-1634) ボヘミアの傭兵隊長・軍人・貴族。
3 デルフォイの神託所に仕えた女神官。岩の裂け目から立ち昇る霊気を吸って、恍惚の境地に至り、難解な言葉でアポローンの予言を告げたとされる。
4 予言者モーセに啓示されたとされるユダヤ教の唯一神。
5 Giovanni Pico della Mirandola(1463-1494) イタリア・ルネサンス期の哲学者、人文学者。
6 Lucio Bellanti(？-1499) イタリアの占星術師 ピコ・デラ・ミランドラの死を予言した。
7 Wilhelm Julius Foerster(1832-1921) ドイツの天文学者。
8 シュタイナーによると、BC2907 - 747.
9 同 BC747 - AD1413.
10 同 AD1413 - 3573.
11 シュタイナーによると、BC5067 - 2907.

12 Die Erziehung des Kindes vom Gesichtspunkte der Geisteswissenschaft<Lucifer-Gnosis> GA34
『霊学の観点からの子どもの教育』松浦賢訳、イザラ書房１９９９年。

13 Wilhelm Fliess(1858 -1928) 耳鼻咽喉科医 人間のバイオリズムについて研究した。

14 カルヴァン主義：宗教改革の思想家ジャン・カルヴァンにちなんで名づけられた、プロテスタントのキリスト教。

15 Johann Paul Friedrich Richter(1763 -1825) ドイツの小説家。

16 DIE GEISTIGE FÜHRUNG DES MENSCHEN UND DER MENSCHHEIT GA 15.
『個人と人類を導く霊のはたらき』浅田豊訳、涼風書林２０１０年。

17 シュタイナーによると、古インド文化期（BC7227 - 5067）には身体的な加齢と共に48～56歳くらいまでは魂・精神も発達していたが、その後の古ペルシャ文化期にはそれが42～48歳まで、カルデア・エジプト文化期には35～42歳まで、ギリシャ・ローマ文化期には28～35歳まで、現在の文化期には21～28歳（現時点では約27歳に相当）までしか自然には発達しないため、その年齢以降は魂・精神を自分の力で意識的に発達させる必要がある、とのこと。詳細は83頁からの講義参照。

18 古代アテナイの三大悲劇詩人のひとり（BC525 - 456）。

19 『イーリアス』『オデュッセイア』の作者と考えられている、紀元前8世紀末の詩人。
20 Ulrich von Wilamowitz-Moellendorff(1848 -1931) ドイツの古典文献学者。
21 Karl Johann Kautsky(1854 -1938) マルクス主義政治理論家。
22 シュタイナーは高次の認識のあり方をこの三段階に区分した。
23 Theosophie. Einführung in übersinnliche Welterkenntnis und Menschenbestimmung GA9.
シュタイナーの四大主著の一つ。日本語版は複数の訳者による複数の書籍が存在する。
24 Die Geheimwissenschaft im Umriß GA 13.
同じく四大主著の一つで、日本語版は複数の訳者による複数の書籍が存在する。
25 シュタイナーは、人間が基本的に以下の四つの構成体からなっていると言う。肉体・エーテル体（形成力体とも呼ばれ、東洋の〝気〟の概念に近い）・アストラル体（衝動、情動、表象などの担い手）・自我（人間の核である〝わたし〟という意識）。
26 シュタイナーによると、地球はそれぞれ土星期、太陽期、月期と呼ばれる転生状態を経て現在の地球期に至っているとのこと。土星期に肉体が付与され、太陽期にエーテル体が付与され、月期にアストラル体が付与され、地球期に自我が付与された。
27 Wilhelm Traugott Krug（1770 -1842）ドイツの哲学者。

28 Meister Eckhart(1260頃-1328頃）中世ドイツのキリスト教神学者、神秘主義者。

29 Johannes Tauler(1300年頃-1361) 中世ドイツの神秘主義者。

30 シュタイナーは、人間を幻想へ誘惑するルシファーと、人間を物質のみに向かわせようとするアーリマンという、二つの存在について説いた。

31 シュタイナーは人間の構成要素を基本的に肉体・エーテル体・アストラル体・自我の四つに分けるが、さらに細かく以下の九つに分ける場合もある。肉体・エーテル体・アストラル体・感覚魂・悟性（心情）魂・意識魂・霊我・生命霊・霊人。シュタイナーによると、現在の人間は意識魂の発達段階にあり、霊我・生命霊・霊人は未来の発達段階なのでまだ萌芽としてしか存在しないという。それぞれの構成要素の詳細についてはシュタイナーの著書『神智学』などを参照のこと。

32 Schicksalsbildung und Leben nach dem Tode. GA157a.

33 シュタイナーはアトランティス時代後を、以下のそれぞれの文化期に区分している。古インド文化期 (BC7227-5067)、古ペルシャ文化期 (BC5067 - 2907)、エジプト・カルデア文化期 (BC2907 - 747)、ギリシャ・ラテン文化期 (BC747 - AD1413)、現代を含む第五文化期 (AD1413 - 3573)、第六文化期 (AD3573 - 5733)、第七文化期 (AD5733 - 7893)。

34 エウリピデスによる古代ギリシャ悲劇をゲーテが戯曲にしたもの。
35 シラーの戯曲で、スイスの伝説に登場する「民衆の英雄」の物語。
36 ホメロスの『オデュッセイア』の中のアキレウスの言葉。
37 オーストリアの哲学者・心理学者（1838-1917）。
38 シュタイナーによると紀元33年に起こったとされる、イエスの磔刑によって成就した秘儀。
39 この講義は司祭と医師という二つの職業の聴衆を対象に行われた。
40 シュタイナーは、人間が基本的に以下の四つの構成体からなっていると言う。肉体・エーテル体（形成力体とも呼ばれ、東洋の〝気〟の概念に近い）・アストラル体（衝動、情動、表象などの担い手）・自我（人間の核である〝わたし〟という意識）。
41 聖テレーズとも呼ばれる、19世紀フランスのカルメル会修道女。
42 四大霊もしくは自然霊と呼ばれる、土の精グノーム、水の精ウンディーネ、空気の精ジルフィー、火の精サラマンダーたちの世界。
43 頭部を中心とした、神経・感覚系の領域。
44 運動、代謝、生殖などの四肢代謝系の領域。
45 心臓、呼吸器官などのリズム系の領域。

46 ここで参照されている図は見つからなかった。「中央下の赤い部分、その部分から赤い矢印が水平に出て左側の赤い円弧を指している」という説明がある。

47 同じく。「赤の右側にある青い部分、そこから下向きに矢印が出て、青い円弧を指している」という説明がある。

48 シュタイナーは高次の認識のあり方をイマジネーション、インスピレーション、イントゥイションの三段階に区分した。

49 ドイツ語は transsubstantiation で、カトリック教会のミサや正教会の聖体礼儀においては〝パンとぶどう酒がキリストの体と血に変化すること〟を指すが、この講義はキリスト以前の古代の秘儀について語られている。この講義の中でシュタイナーは、当時の transsubstantiation は「神々が人間と交流する最後の（究極の）手段だった」と述べている。

50 Vorträge und Kurse über christlich-religiöses Wirken V Apokalypse und riesterwirken GA 346.

51 シュタイナーによると、BC7227 - 5067.

52 シュタイナーによると、BC5067 - 2907.

53 Karl von Rotteck(1775 - 1840) ドイツの政治学者、歴史家。

54 Das Initiaten-Bewußtsein Die wahren und die falschen Wege der geistigen Forschung GA243.

55 GA120, Die Offenbarungen des Karma『シュタイナーのカルマ論：カルマの開示』高橋巖訳、春秋社１９９６年。

56 原文は「心理的ヒーリング」となっている。

57 Welche Bedeutung hat die okkulte Entwicklung des Menschen für seine Hüllen (physischen Leib,Ätherleib, Astralleib) und sein Selbst ? GA 145: 1913/3/29.

58 ただしシュタイナーは「霊我」「生命霊」「霊人」についても、たとえ完全な発達には至らなくとも、霊的な修行などを通してアストラル体、エーテル体、肉体へ意識的に働きかけることは可能であり、働きかけた分だけそれらが部分的に「霊我」「生命霊」「霊人」に変容する、と言っている。

59 「地球紀」の詳細な位置づけについては『黙示録の秘密』西川隆範訳、水声社１９９１年を参照のこと。

60 東洋において古くから使われてきた「霊我」を表す言葉。

61 原文は「多くの人の場合、まだ数多くの輪廻転生を経なければなりません」となっている。

ルドルフ・シュタイナー　Rudolf Steiner（1861-1925）
思想家。旧オーストリア＝ハンガリー帝国領クラリエヴェック（現クロアチア）生まれ。ウィーン工科大学で自然科学・数学・哲学を学ぶ。ゲーテ研究家としても活躍。霊的世界を理論的に説き、その精神科学体系をアントロポゾフィー（人智学）と呼んだ。各地での講義は6千回にのぼると言われる。その影響は世界に及び、シュタイナー教育・医学・芸術・農業（バイオダイナミック農法）など様々な社会実践につながっている。主な著書に『神智学』『自由の哲学』『いかにして超感覚的世界の認識を獲得するか』『神秘学概論』がある。

内村真澄　Masumi Uchimura
バイオグラフィーワーカー。バイオグラフィー・ダイアローグ・インスティテュート共同主宰。1967年長崎生まれ。広島大学教育学部卒業。シュタイナー教育教員養成カレッジである Sunbridge College 在学中にバイオグラフィーワークと出会う。2010年から2017年まで横浜シュタイナー学園英語教員。訳書に『バイオグラフィー手帳*』（私家版）『デジタル時代の子育て』（イザラ書房）『死後の星めぐり―ホロスコープとは何か』（NextPublishing Authors Press）『シュタイナーの霊的天文学』（同前）などがある。成人した2人の子どもの母。＊『バイオグラフィー手帳』については biographydialogue.com までどうぞ。

人間発達論
バイオグラフィーワークの背景

発行日　2023年12月25日　初版発行
著　者　ルドルフ・シュタイナー
翻　訳　内村真澄
装　丁　赤羽なつみ
表紙画　本村生代
発行者　村上京子
発行所　株式会社イザラ書房
〒369-0305　埼玉県児玉郡上里町神保原町569番地
Tel. 0495-33-9216　Fax. 047-751-9226
mail@izara.co.jp　https://www.izara.co.jp
印　刷　大村紙業株式会社

ISBN：978-4-7565-0159-2　C0010